U0483240

规划让生命更精彩

Planning makes life more exciting

李本瑜　主编

四川民族出版社

图书在版编目（CIP）数据

规划让生命更精彩：高中学生生涯规划教育／李本瑜主编. --成都：四川民族出版社，2023.2
ISBN 978-7-5733-1157-3

Ⅰ.①规… Ⅱ.①李… Ⅲ.①高中生-职业选择 Ⅳ.①G635.5

中国版本图书馆 CIP 数据核字（2023）第 029892 号

规划让生命更精彩——高中学生生涯规划教育
GUIHUA RANGSHENGMING GENGJINGCAI—— GAOZHONGXUESHENG SHENGYAGUIHUAJIAOYU

李本瑜　主编

出 版 人	泽仁扎西
责任编辑	陈　晔
责任印制	谢孟豪
出　　版	四川民族出版社(四川省成都市青羊区敬业路108号)
邮政编码	610091
设计制作	成都圣立文化传播有限公司
印　　刷	四川金邦印务有限公司
成品尺寸	170mm×240mm
印　　张	17
字　　数	280千
版　　次	2023年2月第1版
印　　次	2023年2月第1次印刷
书　　号	ISBN 978-7-5733-1157-3
定　　价	65.00元

著作权所有·侵权必究

前　言

《礼记·中庸》："凡事预则立，不预则废。言前定则不跲；事前定则不困；行前定则不疚；道前定则不穷。"我们的先哲早就强调做事情要提前研究情况，明确目标，做好规划。

对人生发展而言，做好人生规划是十分重要的。梭罗说："人是自己幸福的设计者。"确定生涯发展目标就犹如树立人生发展的灯塔，让人在成长过程中人忙心不盲，前进有方向。

生涯规划强调要把握人生发展的关键时期。著名作家柳青在《创业史》中说："人生的道路虽然漫长，但紧要处常常只有几步，特别是当人年轻的时候。"高中阶段是人生发展非常重要的一个时期，高考是人生发展中非常重要的关口，而帮助高中生完善人格、形成关键能力、选好科目、填报志愿、明确职业方向就成了高中生涯教育的首要目标。

做好普通高中生涯规划教育是时代发展和教育自身发展的要求。2017年教育部颁布的《高中新课程方案与课程标准》关于普通高中教育教学任务中，就明确要求普通高中要帮助学生达到"三个适应"：一是适应社会生活，二是适应高等教育，三是适应未来的职业发展。2019年国务院办公厅颁布的《关于新时代推进普通高中育人方式改革的指导意见》中，明确要求学校要加强对学生理想、心理、学习、生活、生涯规划等方面的指导，帮助学生处理好个人兴趣特长与国家社会需要之间的关系，提高学生在未来发展方向上的自主选择能力。

本书结合时代要求，依据相关生涯教育政策，围绕高中生的生涯发展特点和发展需求，以培养学生形成积极人格为起点，以助推学生追求人生幸福为目标，聚焦高中生涯规划的重点问题，确定了高中生涯规划课程教育的基本内容：了解生涯理论，促进生涯唤醒；进行自我探索，深化自我认知；了解职业世界，推进体验学习；着眼长远发展，储备关键能力；助力学业规划，搞好理性选择；综合各种因素，做好生涯决策等。

  本书在编写的过程中，大量引用并参考了一些重要的生涯教育理论和相关研究成果，在此致以诚挚的谢意！

  我们期待这本书能够推动生涯教育工作，促进生涯教育课程的落地和完善，进一步为学生的生涯发展提供有价值的帮助。

傅先亮
2022年3月20日

目 录

第一章　生涯教育概论
第一节　生涯规划教育的概念　　　　　　　　　　　　　　002
第二节　生涯教育在国外的发展情况　　　　　　　　　　　004
第三节　生涯教育在我国的发展　　　　　　　　　　　　　007
第四节　我国开展生涯规划教育的主要政策依据　　　　　　009
第五节　高中生涯规划教育的目的和主要任务　　　　　　　012
第六节　普通高中生生涯规划中的21项课题及要解决的任务　014

第二章　生涯规划教育基本理论
第一节　舒伯的职业生涯发展理论　　　　　　　　　　　　018
第二节　霍兰德的个性职业匹配理论　　　　　　　　　　　025
第三节　帕森斯特质因素理论　　　　　　　　　　　　　　034
第四节　生涯建构理论　　　　　　　　　　　　　　　　　036
第五节　克朗伯兹的社会学习理论　　　　　　　　　　　　040
第六节　社会认知生涯理论　　　　　　　　　　　　　　　042
第七节　加德纳的多元智能理论　　　　　　　　　　　　　046
第八节　积极心理学　　　　　　　　　　　　　　　　　　056

第三章　自我认知

第一节　性格探索　　062

第二节　情绪探索　　077

第三节　兴趣探索　　085

第四节　能力探索　　102

第五节　理想探索　　112

第六节　价值观探索　　116

第七节　责任心探索　　126

第四章　了解职场

第一节　了解职业世界　　132

第二节　关注职业人物　　140

第三节　搞好职业选择　　144

第五章　体验学习

第一节　关于体验式学习　　156

第二节　校园实践　　162

第三节　社会实践体验　　165

第六章　生涯关键能力储备

第一节　自我管理能力　　170
第二节　学习管理能力（学习力）　　174
第三节　创新能力　　180
第四节　人际交往能力　　185
第五节　生活自理能力　　188
第六节　耐挫能力　　191

第七章　走近大学

第一节　了解选择专业　　196
第二节　了解选择大学　　224
第三节　理性选择学科　　235
第四节　报好高考志愿　　247

第八章　我的生涯规划

第一节　生涯决策和生涯适应力　　256
第二节　制订生涯规划书　　261

第一章 生涯教育概论

生活不能等别人来安排,要自己去争取和奋斗。

——路遥

第一节　生涯规划教育的概念

生涯规划教育起源于早期的职业规划。职业规划是以1908年佛兰克·帕森斯教授创立的世界第一个职业指导机构——波士顿职业咨询所为开端的。之后，职业规划（职业指导）的创立者帕森斯等人于1909年编辑出版了职业指导专著《职业的选择》，系统论述了有关职业咨询的理论与实践方法，提出帮助人们正确选择职业的三因素理论，并且第一次在世界范围内运用"职业指导"这一专业术语。此后，在帕森斯先生的理论与实践影响下，职业指导开始在美国各地传播开来。时至今日，这门拥有百余年发展历史的学问正以"生涯教育与职业规划"的崭新姿态得以愈发广泛地传播和应用。

生涯（Career）是什么？生涯就是人的生命历程，指一个人一生的道路或发展途径，是人的一生经历的各种角色体验的总和，不仅包括工作或职业，还包括事业、前程、生计、爱情、家庭、休闲等方面。生涯是一个人追求人生价值的过程，生涯发展通常被视为与工作有关的个人成长、学习和发展过程。生涯具有方向性、连续性、独特性。

职业生涯指人一生中的职业历程，即一个人一生中职业、职位的变迁及工作、理想的实现过程。职业生涯是人一生中最重要的历程，是追求自我、实现自我的重要人生阶段，对人生价值起着决定性作用。

生涯规划就是对自己未来的生活进行有目的、有计划、有系统的设计和安排，是对职业生涯乃至人生进行持续的、系统的、计划的过程。广义的职业规划的内容主要包括学习、工作、休闲、爱与家庭四个部分，即表现为学业规划、职业规划、休闲规划、爱的规划，其中职业规划是核心内容。一个完整的职业规划由职业定位、目标设定及通道设计三个要素构成。

1971年，时任美国联邦教育总署署长马伦博士正式提出"生涯教育"一词。根据马伦博士的理论，生涯教育在广义上指学校设立、开展的以学生终身发展为目的的一切课程和教育活动，狭义上指为帮助学生进行生涯设计、确立生涯目标、选择生涯角色、寻求最佳生涯发展途径而设立、开展的专门性课程与活动。马伦博士认为，生涯教育能够通过生涯认知、生涯探索、生涯定向、生涯准备、生涯成熟等学习步骤，培养学生的生涯规划能力，使个体逐渐形成自我引导、自我完善的能力。

日本文部科学省（2010）认为学校进行的职业生涯教育是指"为了每个人在社会上和职业上的自立，通过对必要的能力、态度的培育，促进生涯发展的教育"。《上海市学生职业（生涯）发展教育"十二五"行动计划》（2012）指出：学生职业（生涯）发展教育是以职业生涯规划为主线的有目的、有计划、有组织的综合性教育活动，是学生提高自我职业生涯规划的意识与技能，顺利实现从学校生活向社会职业生活过渡的基本途径，也是学校素质教育的重要组成部分。

第二节　生涯教育在国外的发展情况

1953年，美国心理学家舒伯提出职业生涯发展理论学说，他是世界职业规划与生涯教育发展史上里程碑式的人物。1959年，著名心理学家霍兰德提出具有广泛影响的霍兰德六角形理论，进一步促进了生涯教育的发展。

20世纪70年代，生涯规划教育在美国得到推广和实施。1972年，美国总统尼克松宣布生涯教育成为"由政府创办的一种最有前途的教育事业"。1974年，美国国会通过了《生涯教育法案》，成为全国各级学校开展职业生涯教育的法律依据。结合时代发展和现代生产要求，美国人把生涯规划教育课程模式分为"校内"和"校外"两种，培养了大量的职业人才，为美国当时的经济发展和社会稳定奠定了扎实的人才基础。

之后在其他一些国家如英国、德国、加拿大、日本等也开始纷纷效仿，采取立法形式，在各级各类学校中积极开展生涯规划教育，生涯规划教育得到广泛传播、发展和运用。20世纪80年代，生涯规划教育理论又有了新的发展，生涯规划教育成为现代学校教育与心理辅导的重要组成部分。

1989年，美国国家职业信息协调委员会颁布了《国家职业生涯发展指南》。发布的《国家职业生涯发展指南》提倡生涯规划教育要从六岁开始。该指南把所有人分成四类，第一类是小学生，第二类是中学生，第三类是高中生，第四类是18岁以上的成年人，不同的年龄阶段有不同的生涯分工。该指南要求学生学会对自己兴趣、专长、特点、能力等进行"自我认识"，学会进行"教育与职业关系的探索"；要求学生研究教育与职业的关系，了解职业信息的获得和使用、工作与学习的关系、工作与社会的关系等；还要求学生学习职业决策和进行"职业规划"。其中，高中生的生涯规划教育收到格外重视。高中生能够比较全面地认识自身的兴趣、专长、特点、能力等。美国高中阶段的生涯规划教育强调职业体验，为学生提供认识自己和外部世界的机会，让学生探索体验不同行业的发展状况和不同行业工作者的生活状态，结合学校的生涯指导和自身实际，认真规划自身未来的职业生涯。《国家职业生涯发展指南》确定的高中生职业生涯发展目标主要包括自我认知、对教育与职业关系的探索、职业规划几部分。20世纪90年代中期，美国启动"从学校到就业"（STW）项目，逐步建立了从职业意识、生涯发展、职业规划三职业选择的完整生涯发展指导体系。21世纪初，美国转向了"从学校到生涯"（STC）项目，关注学生个体生涯发展，让学生具备终身学习和发展的能力，具备大量相关的有意义的工作经验，建立了一个向所有学习者开放的终身学习体系，能够帮助学生在学校与生涯发展之间灵活转换。美国生涯教育的实施，因为州和地方学区而存在差异，其综合生涯教育的模式为：以生计为焦点制订综合性教育计划，从进入制度性教育到成人为止；不论中等教育最终去向，生涯教育实施对象为全体在校生；通过学校教育活动并充分利用地方教育资源；不从学校教育中分离，也不独立设定生涯教育领域，而是渗透在学校的一切教育活动中；在学生、家庭、社区、雇佣者的相互协作下进行；为学生提供职业世界的信息与经验；从职业认识、职业探索、职业方向、职业准备到职业志向确定等全方位援助，并在毕业后进行跟踪指导，如有必要可进行再教育。要求学生在1—6年级时应有职业关注，7—8年级时参与职业调查，9—12年级时参与职业体验。

德国的生涯教育由职业行政部门实施，根据宪法保障国民职业选择的自由，保障国民接受教育的权利，提供职业情报及职业选择机会，充分保障了这一工作的专业性。其职业规划与生涯教育的主要内容为：职业价值观念方面的职业定向教育；职业决定能力方面的职业咨询；为实现目标而进行的职业教育训练机构的介绍服务。德国实行九年义务教育制度（6—15岁）。义务教育结束，学生要在全日制学校接受为期三年的职业技能训练教育（16—18岁），此期间是对职业规划与生涯教育的强化。同时，其中等教育有三大分支，牢固地确立了普通教育与职业教育的等价性质，这是德国学校职业规划与生涯教育的重要特点。

法国的职业指导始于20世纪二三十年代，最初完全是在国家法令下实施的。法国的职业规划与生涯教育主要由国家行政教育部门负责实施，而在实际运行过程中又需要劳动雇佣部门提供职业雇佣情报和产业经济活动的信息，故而法国的职业指导工作实际是双方协作完成的。近年来，法国的职业规划与生涯教育主要强调以下三个方面的目标：指导援助法国青少年深入了解自己与自身职业，增强适应能力；建设健全青少年进入高一年级学校或职业社会所必要的程序手续以及职业、生计情报信息获取的渠道；进一步提高青少年的职业意志决策力，对职业实习提供援助。

英国已初步建立完善的生涯教育体系，确立了生涯教育目标，制订了生涯教育课程，并建立了有效的实施途径。在英国，对中学生进行职业指导的主要途径就是开设系统的生涯教育课。生涯教育课和其他学科一样，设有全国性的和地区性的统一规定和课程标准。许多学校把它规定为必修科目。一般中学从第三年或第四年开始，第五年底结束，教学活动排入课表。

20世纪90年代初，日本的文部省就制订了"进路指导"（即生涯辅导）的课程。中学生必须参加"进路指导"活动，学习"进路指导"课程。从2000年起，用3年时间开展了专业教师培训，还为普通高中和职业高中提供了职业教育课程所必要的设备、实习与实验经费。学生在对职业生涯的选择和决定过程中难免会有苦恼和困惑，因而学校又设专门教师进行"职业生涯辅导"，对学生进行个别的或是小组的引导帮助。日本的职业生涯教育是自上而下由政府主导推行的，政府相关部门担负组织、指导、协调的责任，并制定了一系列相关的政策、法规，推动学校与企业等社会组织共同配合实施。

综合这些国家数十年的生涯规划教育发展路径，我们可以看到它们的诸多共同点：

第一、各国都较为重视通过立法和完善制度来保障生涯规划教育的顺利施行。

第二、各国的生涯规划教育都是一种大融合的教育，面向所有学生学习成长的一种教育，而非单指学生职业指导的一部分。

第三、各国皆把生涯规划教育作为贯穿人一生的终身教育。

第四、各国的生涯规划教育皆密切了学生与未来职业生涯的关系，在学校与就业之间架设连接的桥梁，丰富学校课程内涵，增强教学导向与针对，促进学生的全面发展，体现深切的人文关怀。

第五、各国的生涯规划教育都以促进学生的自身发展为主，侧重于自我认识、自我接受和自我发展，注重通过教育促使学生不断选择、探索自己的未来方向，追寻、体验生涯的过程与意义。

第三节　生涯教育在我国的发展

吾十有五而志于学，三十而立，四十而不惑，五十而知天命，六十而耳顺，七十而从心所欲，不逾矩。——《论语·述而》

生涯规划，在我国古代早已有之。孔子就在《论语》中提出了著名的人生发展"七阶段说"，我们将其归纳如下：

年龄段	发展阶段	主要特征
0—15	从学前期	已经开始学习
15—30	立志与学习时期	与从学期相比，此时的学习更与志向相结合
30—40	自立时期	懂理，独立于社会
40—50	不惑时期	不被外界世界所迷惑，办事不犹豫
50—60	知天命时期	认识自然规律，知道自己的人生使命
60—70	耳顺时期	冷静倾听别人的意见，分辨真假，明辨是非
>70	从心所欲，不逾矩时期	言行自由，自觉遵守客观规律和道德规范

我国的生涯规划教育主要在民国初期开始。1917年，蔡元培、梁启超等人发起成立了"中华职业教育社"，第一次在我国大力推动生涯规划教育，一些就业指导机构相继成立。但是由于长期战乱和后来计划经济统包统配等因素影响，生涯规划教育未能发展起来。

生涯规划教育真正在我国落地生根是在改革开放之后。由于我国经济体制发生了重大转变，就业指导、职业生涯教育逐渐被重视。20世纪80年代中期，我国恢复了就业指导工作。1986年，深圳大学成立大学生就业指导中心。1993年，原国家教委批准成立毕业生就业指导专业委员会,《就业指导纲要》和《就业指导办法》正式出台。1995年,原国家教委办公厅发布《关于高等院校开设就业指导课选修课的通知》,要求把就业指导列入正式的教育教学计划。2003年,教育部《普通高中课程方案(实验)》(教基〔2003〕6号)提出:普通高中教育的培养目标是"具有强健的体魄、顽强的意志,形成积极健康的生活方式和审美情趣,初步具有独立生活的能力、职业意识、创业精神和人生规划能力"。

2008年,教育部办公厅发布《大学生职业发展与就业指导课程教学要求》的通知。

2014年,上海、浙江率先开启高考改革新篇章,标志着生涯规划教育正式成为中学生刚需。2014年,《教育部关于普通高中学业水平考试的实施意见》(教基二〔2014〕10号)提出:"坚持自主选择,为每个学生提供更多的选择机会,促进学生发展学科兴趣与个性特长。"提出:"要加强学生生涯规划指导。调整教学组织方式,满足学生选学的需要,把走班教学落到实处。"《普通高中学生发展指导纲要(试行)》提出:"培养学生生涯规划的意识和能力。主要内容包括:帮助学生了解自己的兴趣、能力倾向、个性特点与生涯发展的关系;帮助学生了解大学专业信息与社会职业需求,合理规划升学与就业目标;促进学生掌握步入下一阶段生活、学习、工作所必需的技能;有效减少学生在生活与生涯方面的困惑。"

2017年9月,教育部颁布的《中小学综合实践活动课程指导纲要》中明确指出,高中阶段综合实践活动课程的价值体认为"通过自觉参加班团活动、走访模范人物、研学旅行、职业体验活动,组织社团活动,深化社会规则体验、国家认同、文化自信,初步体悟个人成长与职业世界、社会进步、国家发展和人类命运共同体的关系,增强根据自身兴趣专长进行生涯规划和职业选择的能力,强化对中国共产党的认识和感情,具有中国特色社会主义共同理想和国际视野。"

虽然生涯规划已有多年的长足进步与发展,但我国的生涯规划教育仍存在下列问题:

1. 基础教育阶段缺乏生涯规划教育。我国尚未建立系统的职业生涯教育体系,生涯教育主要集中在高等院校和职业院校,中小学阶段普遍缺乏。

2. 地区发展差距明显。由于生涯规划教育需要配备充足的校外资源,因而发达省、市、地区的中学具备较好的条件,形成了较为成熟的生涯规划教育体系,欠发达地区的生涯教育发展较缓慢。

3. 缺乏专业师资队伍。目前,我国中小学普遍缺乏专业的生涯指导老师。

第四节　我国开展生涯规划教育的主要政策依据

　　开展生涯规划教育，是时代发展的必然要求，也是教育自身发展的必然趋势。党和国家的教育方针、教育政策明确要求，要在普通高中开展好生涯规划教育。教育要与生产劳动和社会实践相结合，就必须重视生涯规划教育；要适应新高考改革，就必须开展生涯规划教育；要落实新的普通高中课程方案，就必须开展生涯规划教育。

　　2021年，新修订的《中华人民共和国教育法》明确指出，新时代党的教育方针是"教育必须为社会主义现代化建设服务、为人民服务，必须与生产劳动和社会实践相结合，培养德智体美劳全面发展的社会主义建设者和接班人"。教育方针在教育事业发展中具有根本性地位和作用，明确要求教育"必须与生产劳动和社会实践相结合"。

　　2010年7月，《国家中长期教育改革和发展规划纲要（2010—2020年）》中提出："建立学生发展指导制度，加强对学生的理想、心理、学业等多方面指导。"

　　《教育部关于普通高中学业水平考试的实施意见》（教基二〔2014〕10号）明确提出"要加强学生生涯发展指导"。

　　《教育部关于加强和改进普通高中学生综合素质评价的意见》（教基二〔2014〕11号）中提出："坚持指导性，把握学生的个性特点，关注成长过程，激发每一个学生的潜能优势，鼓励学生不断进步。"

　　2014年9月，国务院印发《关于深化考试招生制度改革的实施意见》，开启了高考综合改革的脚步，对学生、教师、家长、学校有了新的要求。新高考改革的重要精神之一就是实施选择性教育，让学生学会选科，学会选择专业，学会选择职业。

　　2017年9月，教育部发布的《中小学综合实践活动课程指导纲要》强调，高中综合实践活动课程要培养学生"增强根据自身兴趣专长进行生涯规划和职业选择的能力"。

2018年1月，教育部印发的《普通高中课程方案（2017）》提出，普通高中教育的"任务是促进学生全面而有个性的发展，为学生适应社会生活、高等教育和职业发展做准备，为学生的终身发展奠定基础"。

2019年6月，国务院办公厅印发的《关于新时代推进普通高中育人方式改革的指导意见》指出，普通高中要加强学生发展指导，"加强对学生理想信念、心理、学习、生活、生涯规划等方面指导，帮助学生树立正确理想信念、正确认识自我，更好适应高中学习生活，处理好个人兴趣特长与国家和社会需要的关系，提高选修课程、选考科目、报考专业和未来发展方向的自主选择能力"。

全国很多省、市按照国家要求，对生涯规划教育展开探索、部署。

2012年9月7日，山东省青岛市教育局印发《青岛市学生生涯规划指导实验实施方案》，以"感受社会、感受职业"为主题，立足于学生对未来生涯的展望，结合其人生目标，指导学生提高综合素质，为未来的职业和人生发展做好专业、品德和业务能力等多方面的准备。探索不同智能结构、不同生活背景学生生涯发展因素选择和创造的途径；引导学生正确认识自我，在愿望与可能、理想与现实之间指导高中和大学生制订职业规划，增强在生活中担当各种角色的意识和责任。

2012年11月19日，上海市教育委员会关于印发《上海市学生职业（生涯）发展教育"十二五"行动计划》的通知，以为了每一个学生的职业生涯发展的理念为指导，建设有利于促进全社会对学生职业（生涯）发展教育理解的制度文化，构建从幼儿园到高等院校的学生职业（生涯）发展教育体系，探索各级各类学校学生职业（生涯）发展教育的有效模式和途径，促进每一个学生的职业生涯发展，提升学生整体素质和能力，努力满足上海建设现代化国际大都市对新型人才的需求。构建具有中国特色、符合上海经济社会发展特点的学生职业（生涯）发展教育内容体系与教学模式。通过政府、学校、行业和企业等各种资源的整合，初步构建有利于学生职业（生涯）发展教育实施的实践基地和社会支持体系。

2015年5月19日，浙江省教育厅发布《关于加强普通高中学生生涯规划教育的指导意见》。认为高中阶段是学生世界观、人生观和价值观形成的关键期，也是学生选择未来人生发展方向的关键期。开展普通高中生涯规划教育是贯彻选择性教育思想，促使学生全面而有个性发展，实施素质教育的重要组成部分，旨在促使学生认识自我条件，发现自我兴趣特长，明确自我发展方向，从而指导学生积极主动地进行高中三年学习，并为下一阶段学习、生活与工作做好必要的准备，帮助学生实现自我发展理想和成人成才。坚持统筹安排，合理规划不同年级段生涯规划教育的内容与重点；坚持校本实践，从学校和学生的实际出发，因地制宜开展教育，并将其持续贯穿高中三年教育过程。

2015年7月23日，河南省教育厅关于印发《河南省普通高中生涯教育课程指导纲要（试行）》的通知。要求充分认识开设生涯教育课程的重要意义，切实加强生涯教育师资队伍建设，努力搭建生涯教育学习实践平台，积极开展生涯教育试点探索，认真做好生涯教育教材选用工作。促进学生认识生涯规划对人生发展的重要意义，树立积极的生涯信念，形成对自己人生负责的态度和主动发展的观念；客观、全面地认识自我，不断挖掘自我潜能，促进自我的完善与发展；了解社会发展变化和环境中的有效资源，把个人发展与社会发展需要相结合，提高社会适应能力；掌握利用相关资源进行生涯规划的基本方法，学会自我管理、自我监控、自我反思和调整，提高生涯管理与决策能力。

从2017年开始，其他省（区、市）陆续实施新高考改革，生涯规划教育如雨后春笋，蓬勃发展起来。

第五节　高中生涯规划教育的目的和主要任务

高中阶段是选择未来发展方向的关键时期，是学生人生观、世界观和价值观形成的重要时期。普通高中开展生涯规划教育是贯彻选择性教育思想，促使学生全面而有个性的发展，实施素质教育的重要举措之一，促使学生认识自我，发现自己的兴趣、特长，明确自身的发展方向，指导学生积极主动地进行高中三年的学习，并为下一阶段的学习、生活与工作做好准备，帮助学生实现人生理想，追求人生幸福。

普通高中学生生涯规划教育的目的归纳起来，应该有以下四点：

1. 帮助学生努力发现自我，推动学生自主发展，做自己生涯的主人。让学生具备一定的自我认知能力，了解自己的性格特征、兴趣爱好，充分认识自己的优势和不足；学会表达、调节情绪的方法，掌握有效的沟通技能；树立正确的世界观、人生观和价值观，唤醒自己的生涯规划意识，学会对自己负责。

2. 指导学生选科，搞好学业规划，树立正确的生涯目标。新高考改革强调学生的选择权，强调教育的选择性。从考虑自己的能力、特长、喜好和大学专业对选考科目的要求出发，理性选择、科学安排高中三年必修和选修课程的修习计划，明确自己的学考、选考意愿。制订参与社团活动、志愿者活动、社会实践、体育锻炼等计划，培养和发展自己的兴趣和特长，处理好学习与生活的关系，科学合理安排课余时间，养成良好的学习、休息习惯，为长远发展、实现人生理想奠定坚实的基础。

3. 激发学习内生动力，全面提升育人质量，促进学校内涵发展。通过生涯规划教育，让学生发现和选择自己喜欢的学科、适合的学科和擅长的学科，对高中学业进行系统规划，对升学的条件进行充分准备，对升学路径进行全面的了解。充分尊重学生进行自主选择，让学生进一步明确学习目标，可以进一步激发学生的学习动力,提高自管自育能力,改善学习生态,从而全面提升学校的育人质量。

4. 初步进行职业探索,让学生活成自己想要的美好模样,实现自我的人生价值。让学生了解人才市场的要求,通过实践体验不同的职业,进一步树立积极向上的人生态度,寻找适合自己的发展路径,明确奋斗目标,从而执着努力,充满信心地做一个对社会有贡献的人。

普通高中进行生涯规划教育,必须从普通高中自身的发展阶段、学生状况、时代要求出发,要有清晰的定位,明确的内容。要重点抓好以下内容:

1. 明确课程价值。在普通高中进行生涯规划教育,首先必须明晰其课程价值目标,就是要让学生拥有自我负责的意识,具备自我认知、自我规划和自我执行的能力,为学生的长远发展奠定坚实的基础。

2. 促进自我认知。自我认知是开展生涯规划的基础。通过自我认知,让学生了解自己的性格特征和兴趣爱好,明白"我是谁""要走向哪里""怎样抵达"。

3. 构建课程体系。要逐步建立高中生涯规划课程体系。要确定科学实用的课程标准、基本教材,建立规范严谨的课程体系,确定必修、选修、实践的具体内容。

4. 建设师资队伍。要培养、建设生涯规划教育专(兼)职教师队伍,引领学校的生涯规划教育的研究和教学工作。要培训所有的班主任,让他们具备一定的生涯指导能力。要向所有教师普及生涯规划知识,让他们明白生涯规划的价值和意义,做好生涯规划教育的推动者。

5. 优化学业规划。学业规划是高中生涯规划教育的主体内容,它联系着学生的现在和将来。让学生"根据自我兴趣特长、学业水平、专业性向、生涯发展意向,科学合理安排高中三年的课程修习计划"。

6. 推动体验学习。通过体验活动,让学生将生涯理想和现实初步对接起来,将生涯教育生活化、具体化。在校内,可以组建生涯社团,让学生了解不同的专业、职业;在校外,可以让学生直接参加职业体验,获得清晰的职业认知。

7. 报好高考志愿。这是普通高中生涯规划教育的阶段性基本目标,让学生从自身实际出发,就读理想的大学专业和院校,为自己的未来职业和长远发展打好基础。

第六节　普通高中生生涯规划中的21项课题及要解决的任务

洪向阳、严亮等编著的《生涯规划：新高考选科与志愿规划指引》一书根据高中生所处职业发展阶段面临的总课题及新高考政策对高中生的影响，整理了普通高中生生涯规划中的21项课题及要解决的任务。这些问题是每一位高中生都必然要面对且需要解决的，它们对高中生未来人生的发展影响深远。

职业上的自我理解方面

1. 兴趣：发展并欣赏自己的兴趣，探索其与今后职业规划的关系。
2. 性格：了解个人的性格特征和类型，理解社会活动和职业活动之间的关系。
3. 价值观：初步确立正确的价值观，厘清个人对待职业选择、生活方式等问题的判断标准。
4. 使命与梦想：探索个人社会存在的理由和价值，并对未来的美好生活有所憧憬和渴望。
5. 天赋和技能：探索个人社会生存的资本，发展可迁移的能力，并且这些能力可应用于学业、各种职业和应对变化中的职业需求。
6. 职业自我概念：逐步形成并发展积极的职业自我概念。

教育与职业环境方面

7. 专业：描述出教育与所挑选的大学专业、未来的培训和进入工作市场之间的关系。

8. 大学：了解高等教育和学习体系的知识，理解其与个人职业规划的关系。

9. 学业：了解自己在各学科学业水平、学科素养上的表现与专业选择、志愿填报及职业规划间的关系。

10. 产业：掌握产业分类的知识，描述出人群、环境和地理位置等因素对职业机会的影响。

11. 职业：了解职业的分类、职业阶梯及各种职业对社会的价值，工作者对社会的积极贡献，描述出各种职业中必须具备的教育背景，理解劳动力市场的供求变化。

12. 趋势：了解职业和产业发展趋势，结合趋势考虑个人的志愿与职业规划。

13. 情报：学会收集和利用职业生涯相关的各种信息情报，理解环境对个人职业生涯的影响。

生涯规划方面

14. 职业定位：对个人的职业方向能形成初步定位或更为具体的职业定位。

15. 选科：科学地选择选考科目，并充分了解其与高考志愿填报和职业的关系。

16. 志愿填报：能科学地规划并填报自己的高考志愿，对自己的教育和职业选择承担责任。

17. 学业规划：能对自己的学业生涯进行科学的规划，理解其对升学和整体职业规划的影响。

生涯管理方面

18. 角色：理解生活中各种角色的相互关系，理解性别在角色中的影响。

19. 身心健康：理解身心健康对人一生发展的重要性，学会精力管理，养成健康的生活方式，以应对高压的高中生涯及多变的社会环境。

20. 核心素养：具备能够适应终身发展和社会发展需要的必备品格和关键能力。

21. 支持系统：明确个人的职业生涯中可能的信息资源、角色榜样及导师，以便在需要时能获得外部力量的有效支持和帮助。

第二章 生涯规划教育基本理论

第一节 舒伯的职业生涯发展理论

从20世纪50年代初开始,许多学者开始研究职业和生涯发展的问题,形成了一系列的理论学说,其中舒伯的生涯发展理论是最有代表性的理论之一。

一、舒伯生涯发展理论的提出及基本主张

舒伯把"生涯"定义为生活中各种事件的演进方向和历程,它统合了人一生中的各种职业和生活角色,由此表现出个人独特的自我发展型态;生涯也是人生自青春期至退休后所有有酬和无酬的职位的综合,除了职位以外还包括与工作有关的各种角色。

根据布尔赫勒(1933)的生命周期和列文基斯特(1953)的发展阶段论,舒伯发展出一个新的诠释职业和生涯的发展概念模式。他在1953年提出了职业生涯发展的10个基本主张,并在之后出版的《职业发展:研究的架构》和他与巴克拉奇合著的《科学的生涯和职业发展》书中,又进一步将其发展为12项基本主张。这些主张如下:

1. 职业是一种连续不断、循序渐进且不可逆转的过程。
2. 职业发展是一种有秩序、有固定型态、可以预测的过程。
3. 职业发展是一种动态的过程。
4. 自我观念在青春期就开始产生和发展,并于成年期转化为职业的概念。
5. 自青少年期至成人期,随着年龄增长,现实因素如人格特质及社会因素,对个人职业的选择愈加重要。
6. 对于父母的认同,会影响个人正确角色的发展和各个角色间的一致及对职业计划结果的解释。

7. 职业升迁的方向及速度与个人的聪明才智、父母的社会地位、本人的地位需求、价值观、兴趣、人际技巧以及经济社会中的供需情况有关。

8. 个人的兴趣、价值观、需求，对父母的认同，社会资源的利用，个人的学历以及其所处的社会职业结构、趋势、态度等均会影响个人职业的选择。

9. 虽然每种职业均有特定要求的能力、兴趣、人格特质，但颇具弹性，以致允许不同类型的人从事相同的职业，或一个人从事多种不同类型的工作。

10. 工作满意度主要视其个人能力、兴趣、价值观及人格特质是否能在其工作中适当发挥。

11. 工作满意度与个人在工作中实现自我观念的程度有关。

12. 对大部分人而言，工作及职业是个人人格完整的重心。虽然对少数人而言，这种机会是不重要的，甚至是不存在的，只有社会活动及家庭才是他们人格完整的中心。

二、舒伯关于生涯发展理论的重要概念

舒伯最持久的贡献是他对职业发展的生命广度、生命空间的研究。学习舒伯的生涯发展理论，需要认真把握一些重要概念。

一是自我概念。主要指的是一个人对自己的兴趣、能力、价值观及人格特征等方面的认识和评价。

二是生活广度。从时间的向度看，指的是在舒伯划分的生涯发展5个阶段中，每个阶段都有其独特的职责和任务。前一阶段任务的完成情况会影响到下一阶段的发展。

三是生活空间。从空间的广度看，指的是个人在发展历程的各个阶段所扮演的各种角色。

四是生涯成熟。主要指个人面对及完成发展任务的准备程度，也叫生涯成熟度。舒伯认为生涯成熟是"做生涯决策的准备"，既是情感上的准备，也是认知上的准备。舒伯认为衡量一个人职业成熟的标准，是这个人对生活和工作的了解程度及主观态度。主观态度包括好奇心、职业探索、职业规划等，构成职业成熟的情感领域。

五是生涯角色（生涯凸显）。主要指的是个人由于对发展历程中各个角色投入的时间和心力不同而凸显出来的主要角色。

三、舒伯划分的生涯发展五个阶段

中国的先贤孔子曾说:"吾十有五而志于学,三十而立,四十而不惑,五十而知天命,六十而耳顺,七十而从心所欲,不逾矩。"可见孔子早已体会到生涯是分阶段动态发展的过程,在这一点上,舒伯与其不谋而合。

舒伯认为,人的每一个年龄阶段都与职业发展有着相互配合的关系,人的生涯发展会伴随着年龄的成长而递进,每个年龄阶段各有其生涯发展的任务。他将人的生涯发展分为成长(儿童期)、探索(青春期)、建立(成年前期)、维持(中年期)、衰退(老年期)五个阶段,每一阶段又分别包含几个子阶段:

1. 成长阶段(出生—14岁)

这一阶段的发展任务是:经由家庭、学校中重要人物的认同而发展出自我概念。此阶段的一个重点是身体与心理的成长。透过经验可以了解周围环境,尤其是工作世界,并以此作为试探选择的依据。成长阶段的三个子阶段如下:

(1)幻想(10岁以前):以需求为主,角色扮演在此阶段很重要。

(2)兴趣(11—12岁):喜欢是个体抱负与所从事活动的主要决定因素。

(3)能力(13—14岁):能力占的比重较大,也会考虑工作要求的条件。

2. 探索阶段(15—24岁)

这一阶段的主要任务是:自我概念与职业概念的形成,通过自我检视、角色尝试、学校中的职业探索与兼职工作等,使职业偏好逐渐具体化、特定化,并实现职业偏好。探索阶段的三个子阶段如下:

(1)试探(15—17岁):会考虑自己的需求、兴趣、能力、价值与机会,并会透过幻想、讨论、课程、工作等尝试做试探性的选择。此时的选择会缩小范围,但因仍对自己的能力、未来的学习与就业机会不是很确定,所以现在的一些选择以后并不会采用。

(2)过渡(18—21岁):更重视现实的状况,并试图将自我概念实施,将一般性的选择转为特定的选择。

(3)尝试(22—24岁):职业生涯初步确定并试验其成为长期职业生活的可能性。此阶段所选择的工作范围会更缩小,只选择可能提供重要机会的工作。

3. 建立阶段（25—44岁）

这一阶段的主要任务是：凭借尝试错误以确定前一阶段的职业选择与决定是否正确。若觉得决定正确，就会努力经营，打算在此领域久留。但也有一些专业的领域，还未尝试就已开始了建立阶段。其子阶段如下：

（1）尝试（25—30岁）：原本以为适合的工作，后来可能发现不太令人满意，于是会有一些改变。此阶段的尝试是定向后的尝试，不同于探索阶段的尝试。

（2）稳定（31—44岁）：当职业的形态都很明确后，个体致力于工作上的稳固，努力在工作中谋取一个安定的位子。

4. 维持阶段（45—65岁）

主要任务是：维持既有成就与地位，并为退休做计划。

5. 衰退阶段（65岁至死亡）。

这一阶段的主要任务是：在生理及与心理能力逐渐衰退时，工作活动将改变。此阶段个体会经历一个从完全的参与者到选择性的参与者再到完全的观察者的角色转变。这一阶段往往注重发展新的角色，寻求不同的方式以替代和满足要求。子阶段如下：

（1）减速（60—70岁）：工作速度变慢，工作责任或性质发生改变，以适应逐渐衰退的体力与心理。许多人也会找份代替全职的兼职工作。

（2）退休（71岁至死亡）：这一时期的表现因人而异，有些人能很愉快地适应完全停止工作；有些人则难以适应，郁郁寡欢；有些人则是老迈而死。

四、舒伯生涯发展理论的两个关键模型

一是生涯彩虹图，用来阐释生命广度和生命空间的概念。舒伯将生活广度、生活空间的生涯发展观与角色理论相结合，探讨生涯发展阶段与角色彼此影响的状况。在人的不同发展阶段，人所扮演的角色也不同，且通常要同时扮演几个角色，如子女、学生、工作者、配偶、家长等。舒伯设计了生涯彩虹图来表示不同角色在人生各个阶段的地位。

彩虹图的最外围圆弧代表"生活广度"，即生命历程和生涯发展的各个阶段。彩虹内部各层代表"生活空间"，即个人在发展历程中各阶段所扮演的各

规划让生命更精彩

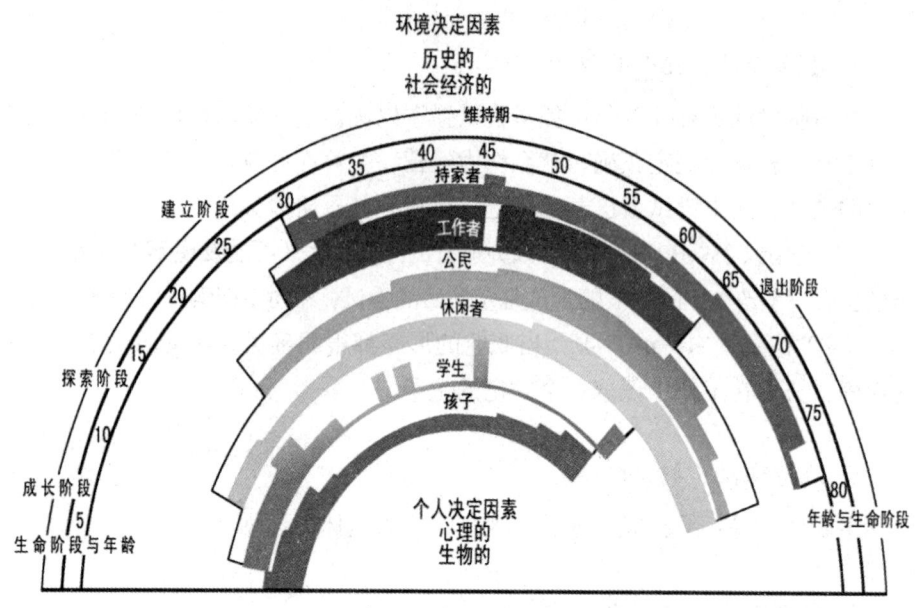

舒伯的生涯彩虹图

种角色，人一生中扮演很多角色，就像一条彩虹可以同时拥有五彩的色带。彩虹色带的宽度代表各个阶段对各个角色的投入程度，色带的宽窄体现了角色之间的此消彼长和互相替换。

综合阶段理论和角色理论，舒伯把人生发展分为三个层面：第一是时间层面，即一个人的年龄或生命的历程；第二是广度层面，即一个人终其一生所扮演的各种不同角色；三是深度层面，即一个人在扮演每个角色时投入的程度，比如有的人在工作角色上投入程度多一些，有的人则在家庭角色上投入更多一些等。这三个层面有机结合起来，就构成了舒伯定义的生涯。

二是舒伯的生涯发展拱门模型。舒伯利用拱门模型提出影响职业决策的"个人决定因素"和"情境决定因素"的概念。拱门模型在视觉上将心理特征和社会力量描绘为每一列的分段，又被称为"分段模型"半圆的拱门上体现的是生涯发展阶段和角色自我概念。拱门的左柱体现的是"个人决定因素"，拱门的右柱体现的是"情境决定因素"。拱门的基石是人，体现了"自我"的所有变量。我们不是要去发现哪个部分最重要，然后把关注重点放在某一个部分上，而是要去理解拱门各部分之间的交互作用。

在拱门模型的基本结构中，左侧的柱子是"生理基石"，支持个体心理特质的发展，如需求、价值、兴趣、智慧、性向与特殊性向。这些因素发展出个

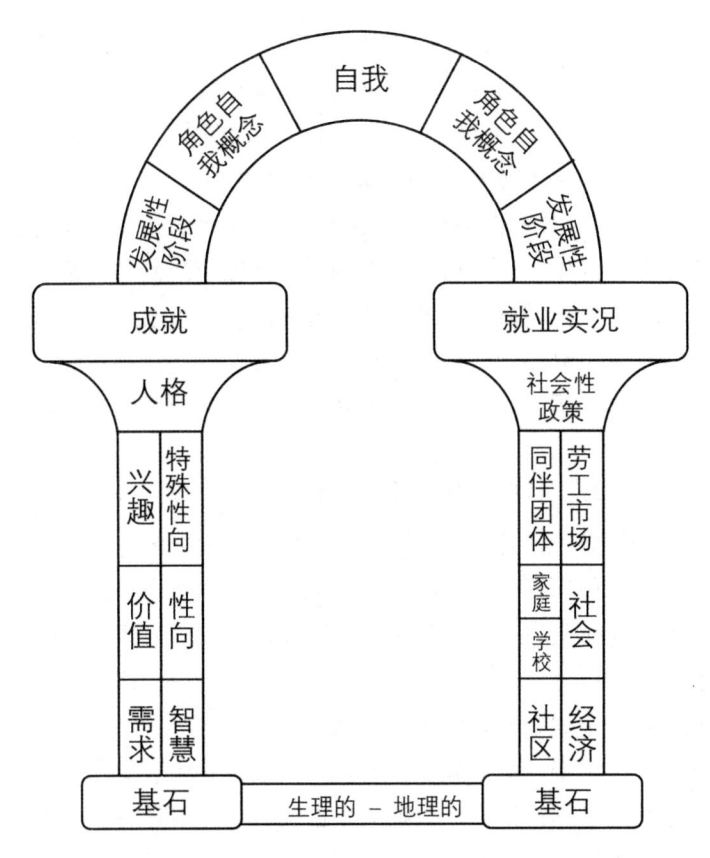

舒伯的生涯发展拱门模型

体的人格倾向，并影响个人的成就表现。右侧的柱子是"地理基石"，包括社区、学校、家庭、同伴团体、经济、社会劳动市场等因素，这些因素影响就业情况。两根柱子之间的地基或门阶代表个体发展的生理、地理基础。顶部的拱是在这个地基和两根柱子架构下应运而生的职业。拱顶石就是这个做出生涯决策的人，拱顶石下方的所有影响因素都向其靠拢。

需要特别指出的是，舒伯认为个体在青少年期和青春期接触到的各种成人榜样是影响生涯发展的关键因素，榜样是影响生涯发展的重要力量。

五、舒伯生涯发展理论在高中生涯教育中的应用

1. 生涯发展理论明确了高中阶段生涯教育的主要任务

第一、生涯发展理论明确了高中生生涯发展的特征。高中生处于舒伯的生

涯探索阶段（15—24岁）的试探期（15—17岁）。这个时期的主要任务是考虑自身需要、兴趣、能力及机会，进行尝试，逐渐形成职业偏好，做出初步的生涯决策。学生在这个阶段不仅要完成一系列自我探索，形成对自我的初步了解，同时也需要为未来生涯发展的选择和决策做好准备。

第二、生涯发展阶段理论也让学校明确了高中生涯指导所要解决的主要问题。在高中生涯指导中，教师所要思考的主要问题应当是如何帮助学生进行生涯探索，从而引导学生明确自身的生涯发展方向。学校层面则要考虑可以设置什么样的课程内容，利用什么样的活动途径，整合哪些活动资源来给学生进行生涯教育，帮助学生进行生涯探索和生涯体验，从而促进生涯发展。

2. 生涯彩虹图是高中生生涯指导的有效工具

在高中生涯教育中，可利用生涯自传、抉择日记、画生涯彩虹图等方法，让学生回顾自己发展历程中一些特殊的经验，比如生活中重要人物对自己的影响，个人的态度与感受以及各个阶段所扮演的角色和个人目标间的差异等，并对每一次的决定加以分析，以增进学生对自己发展历程的认识，引导学生积极参与解决问题及自主规划未来发展的行动。

在生涯辅导过程中，画生涯彩虹图是一项很重要的活动。

第一、生涯彩虹图可以帮助教师树立正确的生涯指导理念。生涯彩虹图在证实了生涯广义内涵的基础上，进一步揭示了生涯指导所包含的深刻理念。如生涯彩虹图所示，学生角色只是个体生涯发展过程的一个组成部分，故而生涯指导也不是只针对个体生涯发展的特定阶段。因此，生涯指导不应仅仅局限于帮助学生解决课程、考试科目、志愿填报等当下的学业问题，而应更加注重培养学生自我觉察、信息处理、资源整合、人际沟通、终身学习和生涯决策等贯穿一生发展所需的各类能力。

第二、生涯彩虹图能够帮助学生更全面更深入地探索自我。思考与绘制自身的生涯彩虹图，能够帮助学生对过去成长痕迹进行反思，对目前发展状况进行审视，对未来可能的发展方向进行眺望。它能够让学生更清楚自己在学业、职业、生活等方面的发展程度，理解生涯角色的独特性及其建构过程，从而帮助学生反思成长经历，审视当下生活，进而展望和规划自身未来的生涯发展，促进其生涯成熟。

第二节 霍兰德的个性职业匹配理论

霍兰德是美国约翰·霍普金斯大学的心理学教授，长期从事职业咨询工作并成了该领域的里程碑式人物。他的个性职业匹配理论，又称为职业人格类型理论、人业相互选择理论等，主要体现在《职业选择》一书中。他认为，一个人之所以选择某职业领域，主要受到其兴趣和人格的影响，生涯选择是个人在对特定职业类型进行认同后，个人人格在工作世界中的表露或延伸。自我和职业认知的比较，及后续的接纳或排斥是生涯选择中主要的决定因素。

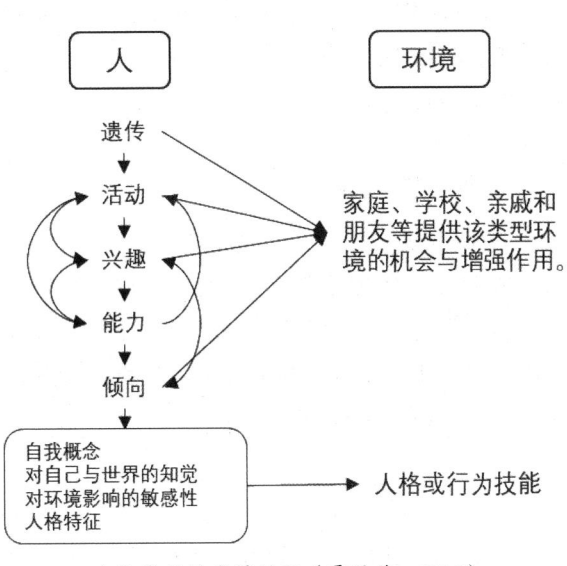

人格类型的发展历程（霍兰德，1996）

一、霍兰德的六种人格类型理论

霍兰德依据美国文化背景，通过对大多数人的职业兴趣的研究，提出了以下假设——大多数人属于六种人格类型：现实型（Realistic）、研究型（Investigative）、艺术型（Artistic）、社会型（Social）、企业型（Enterprising）、常规型（Conventional）。同时，他提出有六种环境模式与这六种人格类型相对应。在职业决策过程中，人们寻找的是能够施展他们的技能同时表现他们的态度、价值观和人格的职业；人们的职业行为是由其人格和环境特征的相互作用所决定的。

霍兰德指出，当个体的职业兴趣类型与环境类型一致和相容时，个体会产生较多的满意感、较多的工作投入和较少的工作转换，而不相容的则相反。

六种人格类型的特点和其适合的工作如下：

1. 现实型（R型）

该类型的人性格特征表现为：坦率、正直、诚实、谦逊，是注重实际的唯物主义者。他们通常具备机械操作能力或一定的体力，适合与机械、工具、动植物等具体事物打交道。相适应的职业主要是熟练的手工工作和技术工作，运用手工工具或机器进行工作。其职业倾向为：机械自动化、飞行员、测量师、电气专家或农场主。

2. 研究型（I型）

该类型的人性格特征表现为：谨慎、严格、严肃、内向、谦虚，独立性强。他们通常喜欢做统计分析，具备从事调查观察评价推理等方面活动的能力，相匹配的职业类型主要是指科学研究和实验工作，研究自然界和人类社会的构成和变化，比较容易成为生物学家、化学家、物理学家、地理学家、人类学家、医学技术人员等。

3. 艺术型（A型）

属于艺术型的人通常内心活动比较复杂，敏感、无序，善于表达且富有想象力，却相对缺乏实际性。他们具备艺术性的、独创性的表达和直觉能力。不喜欢结构性强的活动。他们富于情绪性，适合从事艺术创作，其职业倾向为作曲家、音乐家、舞台指导、舞蹈家、演员、作家、室内设计师等艺术类的职业。

4. 社会型（S型）

这种类型的人通常善良、热情、灵活而又有耐心，慷慨大度，善于劝说。他们喜欢从事与人打交道的活动，避免过分理性地解决问题。他们通常会从事社会型的职业，通过说服、教育、培训、咨询等方式来帮助人、服务人、教育人，例如教师、演说家、临床心理师、咨询顾问、护士、宗教工作者等。

5. 企业型（E型）

该类型的人通常乐于冒险，雄心勃勃，具有外向、易冲动、乐观、自信的个性特征，有一定的集权性倾向，具备劝说、管理、监督、组织和领导等能力，并以此来获得政治、经济和社会利益。与其相匹配的企业型职业，是指那些劝说指派他人去做事情的各级各类管理者和组织领导者以及一些影响他人的职业，如商人、运动推广商、电视节目制作、销售、高级管理人员等。

6. 常规型（C型）

常规型又称传统型，属于这一类型的人注重细节，讲求良心和精确性，通常体现出有序、有恒心、有效率、服从安排的个性特征，具备记录和归档能力，适合从事办公室工作和一般事务性工作。其适合的职业包括会计、金融分析师、银行家、秘书、税法专家等。

这六种类型的关系如下图所示：

个人可以通过自我测定来发现自己的个性类型并依据个性类型来选择相应的职业。霍兰德编制了自我职业倾向测定量表（SDS），作为人格类型和职业

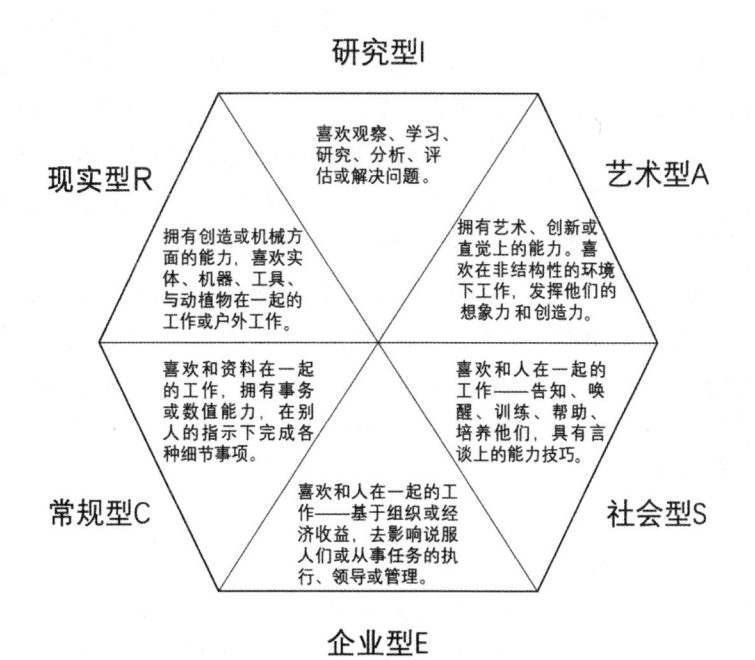

霍兰德职业兴趣六角模型

倾向测定的工具，具有较强的实用性。霍兰德的个性类型分类和测定量表可以作为职业咨询和职业选择的初步依据。

二、霍兰德六种人格类型理论在高中生涯教育中的应用

1. 高中阶段开展学生职业兴趣探索的重要意义及辅导原则

高中阶段生涯教育的一个重要目标是帮助学生进行自我探索与认识，为当前的学业选择与未来的职业规划做好准备。学生了解自我职业兴趣的类型和特点对发展是很有必要的。一方面，职业兴趣为个体在学业规划、专业选择与职业决策上提供了外部参考与内部驱动力，引导个体更好地进行自我管理与定向发展；另一方面，职业兴趣可以提升个体学习或工作的积极性、适应性与创造性，增强个体职业生涯发展过程中的稳定性，提高个体的满意度，让个体有更多成就感。对于高中生来说，无论是在文理分科的选择、在新高考背景下的选科方案的确定，还是在高考后的志愿填报和未来职业的确定，都应该建立在充分了解和发展自己职业兴趣的基础上。

霍兰德职业兴趣理论不仅从人格特征层面对职业兴趣的本质做出解释，还开发了可以直接对学生的职业兴趣进行测量的量表工具。这为生涯规划教育的教学实践与研究提供了宝贵的实用性指导资源。而在运用霍兰德职业兴趣理论及其测试工具对高中生进行生涯教育指导时，教师应注意把握两个原则：一是要将学生内部的个性特点与外部的生涯发展资源相结合，职业兴趣测试只是帮助学生在兴趣方面进行探索了解，除此之外还需要帮助学生从能力、价值观、气质等内在影响因素以及家庭背景、学科特点、就业环境等外在影响因素上进行全面的认识与分析，对自己的生涯规划与发展进行全方位的关注与投入；二是要从发展和动态的角度对学生进行职业生涯规划指导，职业兴趣测试的得分只是阶段性的参考信息，不是一种完全确定性的结果，每个学生的生涯都是不断变化发展的动态过程，都需要不断地摸索、尝试和调整，才能最终实现个人与职业的真正匹配与融合。

2. 基于霍兰德职业兴趣测试结果的学生个性化分析及辅导

第一、从测试结果的一致性（Consistency）进行分析与辅导。

霍兰德用"一致性"来描述两种不同职业兴趣类型之间的相似度。从职业兴趣的六边形结构模型中可以看出，相邻的两种职业兴趣类型的一致性最

高，相隔的次之，相对的最低。需要注意的是，从一致性的角度来看，不同职业兴趣类型之间并不是非此即彼的关系，也不存在绝对化的冲突。在测试结果中，不同类型的得分高低只是代表个体在不同类型表现上的频率或强度不同，因此，任何两种不同的职业兴趣类型都可以同时出现在同一个体之上。

学生在霍兰德职业兴趣测试中得到不同的代码，教师可以根据其代码中的前两个类型字母分析其职业兴趣的一致性，并对其进行个性化辅导。一致性高的学生，通常对自我的内在一致性已经有了较为深入的理解和深刻的体验，对未来职业生涯的选择与发展方向也有了较为明确的定位，因此不需要对他们进行太多指导与干预。而对于一致性低的学生，首先要帮助学生进一步认识自己相对显性、强势、较常出现的类型和相对隐性、弱势、较少出现的类型在日常学习和生活中的具体表现和主观感受，然后引导学生以"兼顾发展，促进融合"的原则对自己的学业与职业进行思考与规划。

第二、从测试结果的区分性（Differentiation）进行分析与辅导

霍兰德用"区分性"来表示六种职业兴趣类型之间强度差别的程度。在职业兴趣测试各类型的得分中，最高分与最低分的差值大小代表个体的职业兴趣区分性的高低。

研究表明，区分性与个体的职业选择的稳定性显著相关。对于区分性高的学生，说明其兴趣较为集中，对其在职业上的偏好、稳定性和职业成就更容易进行预测。而区分性低的学生存在三种不同的情况：一是六个类型的得分都较高（对什么都很感兴趣）；二是六个类型的得分都较低（对什么都不感兴趣）；三是六个类型的得分都处于中间数值（对什么都是中等强度的兴趣）。高中生正处于青少年时期，对内在自我的认识和发展还不够全面与稳定，因此在职业兴趣上出现区分性低的现象也是正常的。对于此类学生，在排除学生不认真作答等干扰因素之后，教师可以引导学生回顾过往学习和生活经验，帮助其认识自我职业价值观，挖掘自身职业发展潜能，培养自己独特的职业兴趣。

附录

（一）霍兰德职业兴趣测试项目

序号	项目
1	我喜欢做戏剧、音乐、歌舞、新闻采访等方面的工作。
2	对别人借我的和我借别人的东西，我都能记得很清楚。
3	我曾经渴望有机会参加探险。
4	我经常不停地思考某一问题，直到想出正确的答案。
5	在工作中我喜欢独自筹划，不愿受别人干涉。
6	我很容易结识同性朋友。
7	我喜欢成为人们注意的焦点。
8	我办事经常思前想后。
9	和不熟悉的人交谈对我来说毫无困难。
10	我喜欢抽象思维的工作，不喜欢动手的工作。
11	我小时候经常把玩具拆开，在里面查看究竟。
12	我乐于解除别人的痛苦。
13	我喜欢不时地夸耀一下自己取得的好成绩。
14	我喜欢经常请示上级。
15	当我开始做一件事情后，即使碰到再多困难，我也要执着地干下去。
16	我喜欢需要运用智力的游戏。
17	我喜欢动手制作一些东西，从中得到乐趣。
18	我喜欢成为一名教师。
19	音乐能使我陶醉。
20	我是一个沉静而不易动感情的人。
21	我总是主动向别人提出自己的建议。
22	当我工作时，我喜欢避免干扰。
23	我喜欢使用锤子、扳手等工具。
24	大家公认我是一名勤劳踏实的、愿为大家服务的人。
25	面对太霸道的人，有时明明知道他们是对的，我也要和他们对着干。

(续表)

序号	项目
26	我喜欢按部就班地完成要做的工作。
27	我更喜欢自己下了赌注的比赛或游戏。
28	我的理想是当一名科学家。
29	如果掌握一门手艺并能以此为生，我会感到非常满意。
30	我觉得参加聚会是一件很累的事情。
31	我爱幻想。
32	我总留有充裕的时间去赴约。
33	如果待遇相同，我宁愿当商品推销员，而不愿当图书管理员。
34	我喜欢阅读自然科学方面的书籍和杂志。
35	我讨厌修理自行车、电器一类的事情。
36	我一个人独处时，会感到更愉快。
37	接受新任务后，我喜欢以自己的独特方法去完成它。
38	我喜欢把一切安排得整整齐齐、井井有条。
39	我喜欢在人事部门工作。
40	我很难做需要持续集中注意力的工作。
41	我的动手能力很差。
42	我不喜欢参加各种各样的聚会。
43	我有文艺方面的天赋。
44	对于急躁、爱发脾气的人，我仍能以礼相待。
45	在集体讨论中，我往往保持沉默。
46	我讨厌学数学。
47	我不喜欢汽车司机的工作。
48	对于社会问题，我通常持中庸的态度。
49	看情感类的影片时，我常禁不住眼圈红润。
50	每次写信我都一挥而就，不再重复。
51	我愿意从事虽然工资少、但是比较稳定的职业。
52	在实验室里独自做实验会令我寂寞难耐。

（续表）

序号	项目
53	我讨厌跟各类机械打交道。
54	别人谈"家中被盗"一类的事情，很难引起我的同情。
55	与言情小说相比，我更喜欢推理小说。
56	我希望能经常换不同的工作。
57	和别人谈判时，我总是很容易放弃自己的观点。
58	遇到难解答的题目时，我常常放弃。
59	我不喜欢动手去组装或拆解物品。
60	和一群人在一起的时候，我总想不出恰当的话来说。

（二）霍兰德职业兴趣测试统分表

指导语：请根据自己的真实情况对每个项目进行作答（选"是"或"否"）。

序号	选择	序号	选择	序号	选择	序号	选择	序号	选择	序号	选择
1		2		3		4		5		6	
7		8		9		10		11		12	
13		14		15		16		17		18	
19		20		21		22		23		24	
25		26		27		28		29		30	
31		32		33		34		35		36	
37		38		39		40		41		42	
43		44		45		46		47		48	
49		50		51		52		53		54	
55		56		57		58		59		60	
R		I		A		S		E		C	

注：每一个"是"得1分，"否"得0分，统分表上阴影部分的项目（如第30个）须进行反向计分；某职业兴趣类型字母上对应的10个项目的得分相加即为该类型的总得分。

（三）霍兰德职业兴趣类型解析

类型	特点	角色	典型职业
现实型（R型）	具有顺从、坦率、谦虚、自然、坚毅、实际、有礼、害羞、稳健、节俭的特征。表现：喜爱实用性的职业或情境，避免社会性的职业或情境；用具体实际的能力解决工作及其他方面的问题，缺乏人际关系方面的能力；重视具体的事物，如金钱、权力、地位等。	行动者	技术工人 外科医生 土木工程师 ……
研究型（I型）	具有善于分析、谨慎、批评、好奇、独立、聪明、内向、有条理、谦逊、精确、保守的特征。表现：喜爱研究性的职业或情境，避免企业性的职业或情境；用研究的能力解决工作及其他方面的问题，即自觉、好学、自信，重视科学，但缺乏领导方面的才能。	思考者	程序员 科研人员 大学教授 ……
艺术型（A型）	具有复杂、爱想象、冲动、独立、直觉强、无秩序、情绪化、理想化、不顺从、有创意、富有表情、不重实际的特征。表现：喜爱艺术性的职业或情境，避免传统性的职业或情境；有很强的直觉，富有表达能力，独立性强，具有创意，不顺从（包括表演、写作、语言），并重视审美的领域。	创新者	设计师 美学家 文艺工作者
社会型（S型）	具有合作、友善、慷慨、助人、仁慈、负责、圆滑、善社交、善解人意、善于说服他人、理想主义等特征。表现：喜爱社会型的职业或情境，避免实用性的职业或情境，并以社交方面的能力解决工作及其他方面的问题，但缺乏机械能力与科学能力；喜欢帮助别人、了解别人，有教导别人的能力，且重视社会与伦理的活动与问题。	助人者	教师 医护人员 心理咨询师
企业型（E型）	具有冒险、有野心、独断、冲动、乐观、自信、追求享受、精力充沛、善于社交、获取注意、热衷知名度等特征。表现：喜欢企业性的职业或环境，避免研究性的职业或情境，会以企业方面的能力解决工作或其他方面的问题；有领导语言能力，缺乏科研能力，但重视政治与经济上的成就。	管理者	企业家 政治家 销售代表
常规型（C型）	具有顺从、谨慎、保守、自控、服从、规律、坚毅、实际、稳重、有效率、缺乏想象力等特征。表现：喜欢传统性的职业或环境，避免艺术性的职业或情境；喜欢顺从规律，有文书与数字能力，并重视商业与经济上的成就。	执行者	文员 会计 秘书

第三节　帕森斯特质因素理论

1909年，美国波士顿大学教授弗兰克·帕森斯在其著作《选择一个职业》中提出了"人与职业相匹配是职业选择的焦点"的观点。帕森斯特质因素论认为，每个人都有自己独特的人格模式，每种人格模式的个人都有其相适应的职业类型。帕森斯特质因素论是最早的职业辅导理论，帕森斯因此被称为"职业生涯辅导之父"。

所谓"特质"，是指个人的人格特征，包括能力倾向、兴趣、价值观和人格等，这些都可以通过心理测量工具来加以评量。

所谓"因素"，是指在工作上要取得成功所必须具备的条件或资格，这可以通过对工作的分析而了解。

他强调了选择职业的三大要素或步骤：

第一步是评价求职者的生理和心理特点（特性），清楚地了解求职者的态度、能力、兴趣、智谋、局限和其他特性。通过心理测量及其他测评手段，获得有关求职者的身体状况、能力倾向、兴趣爱好、气质与性格等方面的个人资料，并通过会谈、调查等方法获得有关求职者的家庭背景、学业成绩、工作经历等情况，并对这些资料进行评价。

第二步是分析各种职业对人的要求（因素），并向求职者提供有关的职业信息，即成功的条件及所需知识，在不同工作岗位上所占有的优势、不足和补偿、机会和前途，包括：①职业性质、工资待遇、工作条件以及晋升的可能性。②求职的最低条件，诸如学历要求、所需的专业训练、身体要求、年龄、各种能力以及其他心理特点的要求。③为准备就业而设置的教育课程计划，以及提供这种训练的教育机构、学习年限、入学资格和费用等。④就业机会。

第三步是人—职匹配，根据自身条件及职业信息恰当地判定职业方向。指导人员在了解求职者的特性和职业的各项指标的基础上，帮助求职者进行比较分析,以便选择一种适合其个人特点又有可能得到并能在职业上取得成功的职业。

帕森斯的这三个步骤,其实就是"知己""知彼"与"决策",强调了个人与职业因素的匹配。

人—职匹配分为两种类型:①因素匹配(活找人)。例如,需要有专门技术和专业知识的职业与掌握该种技能和专业知识的择业者相匹配;脏、累、苦等劳动条件很差的职业,需要有吃苦耐劳、体格健壮的劳动者与之匹配。②特性匹配(人找活)。例如,具有敏感、易动感情、不守常规、个性强、理想主义等人格特性的人,适宜从事审美性、自我情感表达的艺术创作类型的职业。

帕森斯特质因素论的核心是人格特性与职业因素的匹配。帕森斯特质因素论的前提是每个人都有一系列独有的特性,他们是可以客观而有效地进行测量的;每一种职业都有其特定的因素,不同职业需要具备不同特性的人员;选择一种职业是一个相当易行的过程,而且人职匹配是可能的;个人特性与工作要求之间配合得愈紧密,职业成功的可能性就愈大。

帕森斯特质因素论建立在差异心理学的基础上,认为所有的人在发展与成长方面都存在着差异。每个人都具有不同于别人的个性特点,即特性。这种特性与某种职业因素相关。人的特性又是可以运用科学手段客观地测量的,职业因素也是可以分析的,职业指导就是要解决人的特性与职业因素相适应的问题,达到一种合理的匹配。

帕森斯特质因素论提出了在职业决策中进行人—职匹配的思想,奠定了人才测评理论的基础,至今仍然正确、有效、并影响着职业管理学、职业心理学的发展,推动了人才测评在职业选拔与指导中的运用和发展。

帕森斯特质因素论讲究科学理性,符合逻辑推理的方法,指导方法十分具体,便于学习和操作。

但是,帕森斯特质因素论将个人与工作进行匹配,其前提是个人的特质和工作的性质是固定不变的。而事实上,这两者都是在变化之中的。所以从发展的观点看,特质因素理论存在一定的缺陷。其次,特质因素理论注重心理测试工具的使用,这一点也招致很大质疑。因为心理测试工具本身存在信度与效度的问题。此外,它强调理性的适配,忽略了情感在决策中的影响作用。

第四节 生涯建构理论

美国东北俄亥俄大学医学院家庭与社区医学系教授萨维科斯2002年提出生涯建构理论，2012年提出生活设计的概念。他认为：

1. 自我是通过工作和关系持续被建构和创造的。真我并不先于经历存在，测评和基于头脑反省所得到的不过是"根植于过去的我"，固着于探寻过去的真我，既难以应对高速变迁的社会环境，也会让自我的发展陷入停滞。

2. 生涯发展经历是一项建构自我概念的生命设计（Life project）。理想职业不会自动展现，是个体在做出选择实现意图（Intention）时被建构和设计出来的。所以，好的生涯发展是积极行动，将经验整合并丰富自我概念的过程。

3. 生涯即故事，我们透过故事理解并创造人生。生涯建构理论认为，讲述个人故事让人们觉察那些本就存在但模糊不清的意识。咨询师可以围绕两个层面来进行：关注过去和当下的经验（Experience）；解释其重要性和赋予意义（Intention）。最终将故事引向即将面临的未来，以设计出更加有活力的生涯计划。

一、萨维科斯生涯建构论的三个组成部分

1. 人格特质。萨维科斯批判性地继承了霍兰德类型理论及职业世界地图理论来理解个体职业人格类型。认为从过往经历中可以发现一个相对稳定的职业人格（重评估行动呈现出的兴趣倾向），并且会与职业呈现出一定的匹配性。但萨维科斯关注的点有所不同：更侧重来访者的主观看法，而非测评分数；更关注来访者意图中呈现的可能的我（Possible Self），而非过去的我。

2. 发展任务（即生涯适应力）。社会飞速变迁令个体不得不更加主动地根据环境做出态度、行为和能力上的调整，形成个体的生涯适应力。萨维科斯提出的生涯适应力模型包括：关注、控制、好奇和自信。咨询师需要围绕"适应力模型"尝试激发来访者对未来生涯的关注、控制、好奇和自信，推动来访者将意图（Intention）转化为行动。只有行动才能创造新的故事，即新的自我和生涯；也只有在行动中适应力才能提升。所以，对于相当多个体，问题不在于是否做出了决定，而在于是否付出了行动。

3. 生涯主题。建构论假设，个体通过进入一个职业来诠释和发展自我概念。如果来访者能对自我概念和个人愿景目标深入理解，将会更加有效地做出生涯选择。萨维科斯认为，个体自我概念和愿景目标通过一个生涯主题来展现——如同一个故事的主题，概括了这个故事的中心思想。生涯主题由一个或一系列个体最急切希望解决的问题和个体解决问题的方法构成。个体生涯发展的目标和行动都围绕生涯主题的宏观指引展开。当咨询师与来访者共同理解了其生涯主题，来访者那些看起来碎片化的、相互矛盾的以及意义含混不清的经历会变得意义清晰而连贯，并提供了对未来生涯选择的指引以及面对各种职业变动（尤其是被外界所迫的变动）的方案。

二、萨维科斯的"故事访谈三部曲"

一是介绍人物。即进行五大问题的生涯故事访谈。来访者在围绕五个问题的叙说中，既向咨询师介绍了自己，也重新认识了自己。咨询师会将访谈素材整合成一个关于来访者生涯的短故事。

二是呈现与理解关键冲突。五个问题形成短故事，又称来访者的生命画像（Life Portrait），反馈给来访者，与之讨论修改，并将生命画像与来访者面临的生涯困惑（冲突）比较分析，形成新的理解。

三是围绕新理解引发改变。围绕修订的故事，重新认识自己（重塑自我概念），并解决其带入咨询的困扰，发展出新的生涯意向和行动。这部分常常需要激发来访者对未来生涯的关注、控制、好奇和自信，推动行动发生。

三、生涯建构理论在高中生涯教育的应用

生涯建构理论强调在面对未来不确定的生涯发展路径与前景时，个体最需

要的是对自我生涯适应力的构建与提升，这也是高中阶段对学生的生涯教育中最值得关注和培养的能力。

1. 注重学生的自主建构而非教师的单向传授

传统生涯理论指导下的生涯规划教育的基本思路是帮助学生了解个人的兴趣、特点和职业工作类型，并据此形成固定化、匹配性的生涯规划结果。然而事实上，无论是人们的主观思维方式还是影响生涯路径发展的各个因素，都是复杂多样且变化莫测的，试图用标准化、模式化的方式对不同的个体进行统一性的规划是不切实际的。生涯建构理论为人们提供一个关注个体主观认知、促进个体自我建构的生涯教育与辅导新视角。基于生涯建构理论，教师在开展生涯教育活动时应避免按照固有的理论假设、思维观念、经验准则进行直接的讲授，而是通过营造开放、自由、安全、平等的课堂氛围，聚焦学生生涯建构的"最近发展区"，设置具有启发性、互动性的教学内容与教学形式；发挥教师组织、引导、接纳、强化的作用，创建更多的机会让学生自主体验、思考、表达，并在沟通交流中进行自我觉察、反思、调适与整合；引导学生建构适合自我成长与发展的职业观与生涯观，提升对生涯进行自我管理、融合和适应的能力。

2. 注重情境化、体验式教学，而非知识化、测验化的指导

个体需要经历的生涯发展环境是复杂多变的，而个体本身也是在不断成长、发展与变化的，单纯依靠抽象、概括性的生涯知识以及暂时或确定的测评结果，是无法达到良好的生涯发展指导效果的。若要促进学生生涯适应力的发展，教师在生涯规划教育实施过程中就需要努力创设形象具体、真实贴切的教学情境，为学生提供视、听、触等多种感官刺激并行的外部环境，鼓励学生积极参与和深入体验，让学生形成更多积极的情绪感受，产生更多具有启发性的思维碰触，促进学生在整合自己已有的知识与经验的基础上，建构出全新的具有现实适应性的生涯意识与生涯意义。同时，学生通过情境化的实践操作和研习训练，能够提前体验职业角色，提前适应职业氛围，提升自己的职业技能与职业素养。具体而言，教师应围绕相关生涯规划教育主题，结合学生的认知特点与发展需求，充分挖掘和利用生涯规划教育的社会资源与环境资源，创造机会带领学生走出传统课堂、走进职业场景。这样的亲身探访、体验、互动和感受，能够帮助学生了解职业世界的真实状态，思考未来规划的实际问题，确定

生涯发展的目标，让学生在日常学习和生活中，有意识地做好应对未来生涯变化与发展的心理准备。

3. 注重因材施教的差异化辅导，而非固定统一的实施推进

对于一些共性的、普遍的生涯发展主题，运用传统生涯理论，采取课堂教学、讲座、团体施测等形式开展的生涯辅导活动，可以在一定程度上实现指导与干预的效果。而面对不同学生的多样化的生涯发展困惑、多元化的生涯发展需求及差异化的生涯发展层次，教师则需要有针对性地开发一些个性化教学模式。因为每个学生受社会文化背景、家庭环境氛围、生活成长经历的影响，在知识结构、学习风格、动机、态度、兴趣和价值观等方面都会有自己的独特表现，所以在生涯教育活动实施过程中，教师应尊重和接纳各层次学生的成长差异性，制订多元化的学习评价标准，关注和分析每个学生的生涯发展困惑，提供及时的个体生涯咨询、了解和发现不同学生的生涯成长需求与潜能，开展可让学生提升的教育教学活动。只有实践一系列个性化生涯教育辅导活动，才能精准、及时地引导每个学生充分利用自己的生涯成长资源，让学生顺利地应对与完成自己的生涯阶段任务，从而在实践中促进自己生涯适应力的持续建构发展。

第五节 克朗伯兹的社会学习理论

社会学习论是美国心理学家班杜拉所创,强调的是个人独特的学习经验对其人格与行为的影响。克朗伯兹将其观念引用于职业生涯发展与规划上,用以了解在个人职业决策历程中,社会及遗传与个人因素对于决策的影响。

一、影响职业决策的四个因素

克朗伯兹认为影响职业选择有多种因素,最主要的应包括以下四个因素:

1. 遗传因子与特殊能力。指身体素质、音乐天赋和艺术能力等。
2. 环境情况与特殊事件。指技术的进步、社会环境的变化和家庭状况的变动等因素。
3. 学习经验。指个体在行为、认知学习和观察学习过程中获得的经验。
4. 工作取向技能。指个体的工作目标、职业价值观(应对工作的方式)以及情绪的反应和表达方式。

二、职业决策的七个步骤

克朗伯兹于1973年提出了进行职业决策的模式,认为在进行个人职业决策时应采取八个步骤。1977年又对此模式进行了修正,修正后的职业决策模式主要分为七个步骤:

1. 界定问题。理清自己的需求和个人限制,即认识自我的过程,明确自己想要什么,自己对此存在哪些优势与不足,在此基础上,制订明确的目标和实现目标的时间表。
2. 拟定行动计划。在明确自己的需求目标的基础上,思考并拟订行动计划。

3. 澄清价值取向。界定个人的选择标准，即明确自己最想要的是什么，将自己的实际需要作为衡量各项方案的依据。

4. 找到可能的选择。搜集资料，列出可能实现目标的各种行动方案，拟订达成目标的方法和途径。

5. 评价各种可能的选择。依据自己的选择标准和评分标准，逐一评价各种可能的选择，找出可能的结果。

6. 系统地删除。有根据地系统地删除不合适的方案，挑选最合适的选择。

7. 开始行动。开始执行行动方案，并对自身进行经营和管理。

三、个人职业决策中的五种困难

1983年，克朗伯兹开始注意决策的个人规则及相应的困难，他认为在进行职业决策时可能遇到以下五种困难：

1. 人们在辨认已有或可解决的问题上存在问题。
2. 人们不努力做决策，逃避解决问题。
3. 因为错误的原因，人们可能会将潜在或满意的选择方案排除。
4. 因为错误的原因，人们可能会选择较差的方案。
5. 在感到没有能力达到目标时，人们可能会经受痛苦和焦虑。

在进行职业决策时，我们要重视以上困难，特别是要克服不努力做决策，逃避解决问题的困难，要积极面对可能出现的问题，通过自身的努力寻求自己最优的选择。

该模式注意到社会及遗传因素对个人决策的影响，个人在决策时不仅要考虑个人因素，明确"我想要什么"，还要考虑社会、遗传等因素，知道"我可能得到什么""我能够做到什么"。该模式还特别强调学习的重要性以及它们对职业选择的影响，把职业决策看作是一种习得的技能，并主张职业决策技能是可以在教育和职业辅导课程中教授的，特别强调教授识别影响职业决策的因素。

第六节　社会认知生涯理论

一、什么是社会认知生涯理论

社会认知生涯理论试图揭示生涯选择的动力机制，以此预测个体的兴趣、职业目标、生涯选择等过程。理论提出者伦特、哈克特、贝茨等人对生涯选择与行为提出了以下关键假设：

1. 个体职业目标源自职业兴趣的影响，又会影响生涯选择和行动，进一步决定了后续的成就表现。

2. 提升自我效能和结果期待能有效激发职业兴趣，进而帮助个体形成职业目标。

3. 学习经验是影响个体自我效能和结果期待的关键，其受到个体因素和环境变量的限制。

不少理论关注限制性信念，社会认知生涯理论关注的重点是导致这些信念的学习过程和经验以及学习经验是如何影响职业生涯选择过程和行为的。

社会认知取向生涯理论模式中的主要概念包括三个部分，其一为自我效

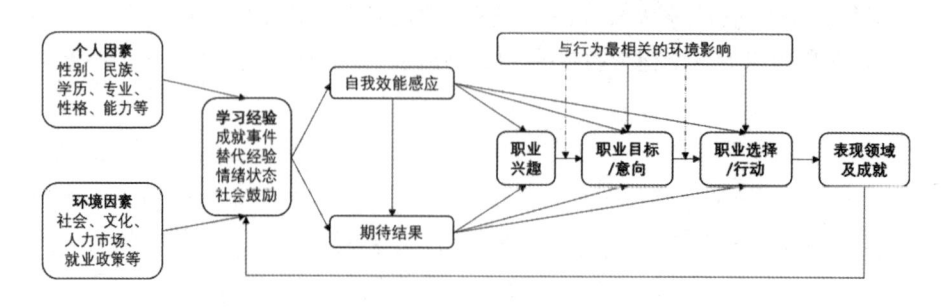

社会认知生涯理论模式图

能，其二为结果预期，其三为目标选择。

班杜拉对自我效能感的解释是，指人们对自己是否能够成功地进行某一成就行为的主观判断。

以下因素会促进自我效能与结果预期：

一是个人自身行为的成败经验，学习者的亲身经验对效能感的影响是最大的。个人的成功经验对提升自我效能感有很大帮助。

二是替代经验，也可以理解为模仿，即一个人看到与自己的水平差不多的示范者取得了成功，就会增强自我效能。

三是言语说服，即试图凭借说服性的建议、劝告、解释和自我引导，改变人们自我效能感。但言语说服要切合实际。

四是情绪唤起，可以理解为去促使一个人对自己的成绩和期望有一些情绪上的表现，觉得我很想要一个这样的结果。

五是情境条件，我们所处的环境是什么样的，不同的环境对自我效能感的影响也是不一样的。比如在陌生的环境，可能自我效能感会降低，在一个非常熟悉的环境，自我效能感可能会提高。

个体支持系统对职业目标的选择和行动有着重要影响。当个体支持系统完备，能从中获得来自资源、经验或者心理上的支持时，目标更容易达成。支持系统包括身边与这个目标相关的所有重要人物，比如父母、朋友、导师等。

自我效能是社会认知理论中的一个重要变项。很多人并不是找不到自己匹配的工作，也不是没有外部机会，而是因为过往经验造成自我效能低，干扰多，总是对自己有很多负面评价，或表现得自卑而不敢或不愿意行动，导致现实中无法充分发挥潜能。

这里的干扰可能包括：限制性信念系统（没有信心），各种情绪（担心、恐惧、焦虑、不敢想、不敢要……），身体疾病等。

造成自我效能低、动力不足的原因可能是：个人成长经历造成的创伤，原生家庭带来的未被满足的缺失的爱，家族、祖先系统模式，社会大环境大系统带来的模式等。

社会认知理论对兴趣匮乏、自我效能低、行动力不足的人有较大启发性。由于认知因素在心理学领域中逐渐受到重视，社会学习理论也逐渐修改，并重视认知因素对个人发展的影响，故社会认知理论应用于生涯领域。

二、社会认知生涯理论在高中生涯教育中的应用

1. 社会认知生涯理论的核心观点为高中生涯教育提供理论支撑

社会认知生涯理论清楚地阐述了核心认知变量（自我效能、结果预期和个人目标）、学习经验和个人—环境因素（个人特质和成长背景）之间的互动关系和交互作用如何影响并促进个体的生涯发展。该理论承认个体、行为与环境的三元相互作用，强调个体的学习和发展动机以及个体在生涯发展中的主观能动性和自主选择能力。它着重指出生涯学习经验是塑造职业兴趣的核心因素，也是发展职业兴趣的根源动力。这些观点为学校组织实施生涯教育活动提供了强有力的理论支撑。

社会认知生涯理论既不像职业选择理论（以霍兰德为代表）那样关注人职匹配的心理测量，也不像生涯发展理论（以舒伯为代表）那样强调年龄阶段的具体情况，它更重视自我效能和生涯自我管理能力等促进或阻碍生涯发展的个人主观因素。

总结起来，社会认知生涯理论主要关注的问题有：人的行为如何调整和发展；兴趣是怎样塑造、发展或转移的；如何做出恰当的生涯选择；怎样改善工作表现，获得职业成功；如何才能提升工作和生活的满意度；人们要怎样积极规划、主动改变自己，增强自我效能，从而让自己能够更加自如地应对变化的职业世界。对这些问题的探讨，也为高中生涯教育的内容设置提供了很好的参考。

2. 社会认知生涯理论对高中生涯教育实践有重要启示

第一，培养学科兴趣能够提升高中生的自我效能。社会认知生涯理论强调学习经验在个人—环境因素和自我效能之间起到的中介作用。学习经验是高中生自我效能的直接来源，而高中生的主要任务是学科学习，所以学科学习经验会成为他们自我效能最重要的来源。累积的学科学习经验会通过考试成绩体现出来，于是学科成绩成为高中生成就感和自信心的主要来源。基于此，学校应当重视学生在学科学习中的成就体验，鼓励教师在教学中展现不同学科的内在魅力、学习规律、发展领域和未来价值，重视学生的学习过程和个性表现，为学生提供多元优质的学习平台，让具有不同个性特征、能力特点的学生能够从不同学科的学习中建立自我效能，从而强化自信，激发潜能。

第二、实行多元评价能够提升高中生的结果预期。他人评价也是影响个体自我效能的重要因素之一。高中阶段的学生由于其个性特质的差别，个体发展存在差异。这时，学校需要给予学生多元评价，从多个方面去挖掘学生的优势，通过对学生不同方面的肯定来增强其积极体验，提升其成就感。由于成就体验的增加，学生对某些任务或某些目标的结果预期就会趋于积极，从而在学习生活上更有动力。

第三、注重实践体验能够强化高中生的个人目标。高中学校应当整合各类资源，搭建一个能让学生亲身实践体验的平台，让学生自我探索、激发兴趣和培养能力，以实现学生的个性化发展。学生通过一系列的实践体验，能够发展自身的兴趣，增加自身的成就体验，逐步发现自身的优势能力和擅长的领域。在丰富学习经验的同时，学生会将现状与自身能力结合起来思考，逐步明确自己在各个方面的目标。

第四、积累替代经验能够丰富高中生的学习经验。高中生对职业世界、大学和专业的认识较为模糊，而积累替代经验是获得专业和职业认识最迅速有效的方式。高中学校可以整合校内外资源，通过邀请高校教授、知名校友、行业专家和学生家长来校分享职业经验、专业知识和个人成长经历，丰富学生的职业认知。

第五、创造良好的环境能够促进高中生的积极表现。个人所处的环境和对环境的满意度，会影响其行为表现。对青少年来说，家庭环境和学校环境都是重要的成长背景要素，其中家庭环境更为重要。家庭环境包括结构性要素，如家庭社会经济背景、社会阶层、父母生涯榜样等；过程性要素，如家庭养育、鼓励风格、父母支持、亲子互动等。学校环境则包括学校风气、教育质量、年级氛围、班级结构、师生关系、同伴关系和生涯课程等。家庭和学校都要尽量给予青少年支持性的环境，丰富他们在成长环境中的生涯学习机会和积极体验，让他们在收获生涯学习经验的同时也能够获得积极效能，从而促进他们的积极表现。

综上所述，社会认知生涯理论为高中生涯教育提供了强大的理论支撑和具体的实践指导。以社会认知生涯理论为主要内容的生涯学习理论比霍兰德和舒伯等人的生涯咨询理论更接近生涯教育模式，但是也存在一定的局限性。这些理论仅停留在帮助青少年培养发展兴趣和确定学习目标上。至于青少年要如何学习，家庭、学校和社会要如何给他们提供学习空间、时间和制度上的支持，这是生涯教育模式要考虑的问题。

第七节　加德纳的多元智能理论

多元智能理论，也叫多元智力理论，是指美国心理学教授霍华德·加德纳提出的一种关于智力的新理论。加德纳的多元智能理论是以多维度的、全面的、发展的眼光来评价学生。

霍华德·加德纳是世界著名教育心理学家，他最为人知的成就是"多元智能理论"，他也因此被誉为"多元智能理论之父"。

一、人的智能范畴

加德纳认为过去对智力的定义过于狭窄，未能正确反映一个人的真实能力。他在《智能的结构》这本书里提出，人类的智能至少可以分成七个范畴（后来增加至八个）：

1. 言语—语言智能。主要是指有效地运用口头语言及文字的能力，即指听说读写能力，表现为个人能够顺利而高效地利用语言描述事件、表达思想并与人交流的能力。这种智能在作家、演说家、记者、编辑、节目主持人、播音员、律师等职业上有更加突出的表现。

2. 逻辑—数理智能。指运算和推理的能力，表现为对事物间各种关系（如类比、对比、因果和逻辑等关系）的敏感以及通过数理运算和逻辑推理等进行思维的能力。从事与数字有关工作的人特别需要这种有效运用数字和推理的智能。他们学习时靠推理来进行思考，喜欢提出问题并执行实验以寻求答案，寻找事物的规律及逻辑顺序，对科学的新发展有兴趣，对可测量、归类、分析的事物比较容易接受。

3. 视觉—空间智能。视觉—空间智能指感受、辨别、记忆、改变物体的空间关系并借此表达思想和情感的能力，表现为对线条、形状、结构、色彩和

多元智能理论

空间关系的敏感以及通过平面图形和立体造型将他们表现出来的能力。能准确地感觉视觉空间，并把所知觉到的表现出来。这类人在学习时是用意象及图像来思考的。视觉—空间智能可以划分为形象的空间智能和抽象的空间智能两种能力。形象的空间智能为画家的特长。抽象的空间智能为几何学家特长。建筑学家对形象和抽象的空间智能都擅长。

4. 身体—动觉智能。指运用四肢和躯干的能力，表现为能较好地控制自己的身体，对事件能够做出恰当的身体反应以及善于利用身体语言表达自己的思想和情感的能力。这类人喜欢动手建造东西，喜欢户外活动，与人谈话时常用手势或其他肢体语言。他们学习时透过身体感觉来思考。运动员、舞蹈家、外科医生、手艺人都有这种智能优势。

5. 音乐—节奏智能。这种智能主要是指人感受、辨别、记忆、改变和表达音乐的能力，表现为个人对音乐节奏、音调、音色和旋律的敏感以及通过作曲、演奏和歌唱等表达音乐的能力。这种智能在作曲家、指挥家、歌唱家、乐师、乐器制作者、音乐评论家等人员那里都有出色的表现。

6. 交往—交流智能。指与人交往和相处的能力，表现为觉察、体验他人的情绪、情感和意图，并据此做出适宜反应的能力。该智能包括四大要素：组织能力，包括群体动员与协调能力；协商能力，指仲裁与排解纷争能力；分析能力，指能够敏锐察知他人的情感动向与想法，易与他人建立密切关系的能力；人际联系，指对他人表现出关心，善体人意，适于团体合作的能力。

7. 自知—自省智能。这种智能主要是指认识、洞察和反省自身的能力，表现为能正确把握自己的长处和短处，把握自己的情绪、意向、动机、欲望，对自己的生活有规划，能自尊、自律，会吸收他人的长处。会从各种回馈管道中了解自己的优劣，常静思，以规划自己的人生目标，爱独处，以深入自我的方式来思考。喜欢独立工作，有自我选择的空间。这种智能在优秀的政治家、哲学家、心理学家、教师等人员那里都有出色的表现。内省智能可以划分为两个层次：事件层次和价值层次。事件层次的内省指向为对于事件成败的总结；价值层次的内省指向为将事件的成败和价值观联系起来审视。

8. 自然观察智能。指个体辨别环境（不仅指自然环境，还包括人造环境）的特征并加以分类和利用的能力。自然智能强的人，在打猎、耕作、生物科学上的表现较为突出。自然智能应当进一步归结为探索智能，包括对于社会的探索和对于自然的探索两个方面。

二、人的智能其他角度分类

1. 记忆力：对于事物的记忆力，包括短期和长期的记忆力，形象和抽象的记忆力等。

2. 形象力：在记忆的基础上形成形象的能力。也可以说是感性认识能力。

3. 抽象力：在形象的基础上形成抽象概念的能力。也可以说是理性认识能力。

4. 信仰力：在形象和抽象的思维的基础上形成对于人生和世界总的观念的能力。

5. 创造力：形成新的形象、理论、信仰的能力。

三、多元智能理论在教育教学中的应用

1. 多元智能理论有助于我们形成正确的智力观。真正有效的教育必须认识到智力的广泛性和多样性，并使培养和发展学生的各方面的能力占有同等重要的地位。

2. 多元智能理论有助于转变我们的教学观。多元智能理论认为，每个人

都不同程度地拥有相对独立的八种智力，而且每种智力有其独特的认知发展过程和符号系统。因此，教学方法和手段就应该根据教学对象和教学内容而灵活多样，因材施教。

3. 多元智能理论有助于形成正确的评价观。多元智能理论对传统的标准化智力测验和学生成绩考查提出了严厉的批评。传统的智力测验过分强调语言和数理逻辑方面的能力，只采用纸笔测试的方式，过分强调死记硬背知识，缺乏对学生理解能力、动手能力、应用能力和创造能力的客观考核。因此，是片面的、有局限的。多元智能理论认为，人的智力不是单一的能力，而是有多种能力构成，因此，学校的评价指标、评价方式也应多元化，并使学校教育从纸笔测试中解放出来，注重对不同人的不同智能的培养。

4. 多元智能理论有助于转变我们的学生观。根据多元智能理论，每个人都有其独特的智能结构和学习方法，所以，对每个学生都采取同样的教材和教法是不合理的。多元智能理论为教师们提供了一个积极乐观的评价视角，即每个学生都有闪光点和可取之处，教师应从多方面去了解学生的特长，并相应地采取适合其特点的有效方法，使其特长得到充分发挥。

5. 多元智能理论有助于形成正确的发展观。按照加德纳的观点，学校教育的宗旨应该是开发多种智能并帮助学生发现适合其智能特点的职业和业余爱好，应该让学生在接受学校教育的同时，发现自己至少有一个方面的长处，学生就会热切地追求自身内在的兴趣。

四、多元智能理论在高中生涯教育中的意义

1. 丰富了学校生涯教育的内涵

多元智能理论契合了职业发展个性化、动态化的特点，因此学校生涯教育应当重视社会、经济发展对学生自身发展多样性、动态性的要求，倡导对学生进行必要的个性化辅导、多元化引导和人文关怀。高中阶段的生涯教育应当注重引导学生深入地探索自我，了解自己喜欢做什么、适合做什么和擅长做什么，然后根据自身的兴趣、性格和能力特点来进行学业规划和职业规划，从而做好个性化的生涯发展。

2. 是高中生涯规划教育内容的重要组成部分

多元智能理论是生涯规划教育中自我探索部分的重要内容，能够帮助学生

进行能力探索，让学生更深入地认识自我，了解自身的能力特点，了解能力与专业职业之间的匹配性等。语言智能较强的人适合从事新闻记者、播音员、主持人、作家、编辑、律师、演说家和教师等职业。逻辑数学智能较强的人适合从事数学家、会计师、程序员、金融工作者、机械工程师、医生、科研人员等职业。视觉—空间智能较强的人适合从事设计师、建筑师、画家、雕刻家、航海工作者等职业。身体—动觉智能较强的人适合从事运动员、演员、机械技师、外科医生等职业。音乐智能较强的人适合从事音乐教师、作曲家、指挥家、歌唱家和音乐评论家等职业。交流—交往智能较强的人适合从事教师、企业管理者、市场营销人员和社区工作者等职业。自知—自省智能较强的人适合从事哲学家、心理学家、社会研究人员等职业。自然观察智能较强的人适合从事植物学家、动物学家、园艺工作者、园林设计师、地质勘探者、农业科学家和文物鉴定人员等职业。

高中生涯教育要重视运用多元智能理论。一是让学生在全面认识自我的基础上，能够客观地认识自我发展过程中学业学习、人际交往和情绪管理等各方面能力的变化发展。二是让学生在认识个体的个性特质差异的基础上，能够客观评价自我和他人。三是让学生在了解能力发展规律的基础上，能够看到自我能力提升的希望，然后能够对自身能力进行重新认识与建构，在发掘自身潜能的同时重建自我发展的信心，进而激发自身生涯发展的原动力。

3. 为生涯课程教学设计提供理论指导

高中阶段的生涯教育课程应当依据学生多元智能的发展特点来设定教学目标、设置教学内容、设计教学策略和制订评价标准。课堂教学中，教学设置应当情境化，教学方法应当多元化、个性化，尽量为学生搭建一个多元展现自我的平台，充分发挥每一个学生的主观能动性。此外，教学中平等的师生关系更容易促进学生多元智能的养成。

4. 为建立学生评价体系提供理论参考

根据多元智能理论，每个人的能力表现特点都不一样，学生评价体系也应当多元化。学生评价若要恰当并且全面，评价方法、评价主体和评价指标都需要多元化。第一，评价内容不仅要重视考查学生的学科知识掌握情况，更要注重考查学生人格塑造、品德形成、习惯养成和能力培养的情况。第二，评价主体不仅由教师参与，学生、家长甚至社会人士也应当参与其中，学校要尽量从不同侧面对学生进行评价，而不再片面评价论。第三，对学生的评价方式不能只依靠纸笔测试，而应当综合考量学生在各类日常教育活动中的能力表现，尽量了解和挖掘学生不同潜能的特征。对学生恰当的评价能够让学生得到激励，提高其自我效能，从而促进其生涯发展。

5. 启发教师形成发展性的教育视角

多元智能理论拓展了职业生涯规划教育的内涵，帮助教师树立科学的教育观、学生观、人才观和评价观，引导教师从思想上正视社会需求的多元性和学生发展的差异性，进而能够从学生持续发展的视角引导学生科学地规划生涯。

五、多元智能理论带给我们的启示

1. 教师应该敬畏生命，珍视生命。多元智能理论就是关爱生命的教育理论。每个人的生命都是世界上最美丽的花朵。

2. 教师要正视差异，善待差异。承认存在许多不同的、相互独立的能力，承认不同的人具有不同的认知能力和认知方式。推进教育民主化。一位哲人说过："玫瑰就是玫瑰，莲花就是莲花，只要欣赏，不要比较。"

3. 教育不是改造人，而是培养人。加德纳有一句名言："每个孩子都是一个潜在的天才，只是经常表现为不同的形式。"每个学生都是一粒独特的种子，要创造适合每一名学生的教育。

4. 教育应该从"适合群体的教育模式"转向"寻找适合个体的教育教学模式"。

5. 教育应该促进儿童富有个性地全面发展。

附录

多元智能测试问卷

本问卷一共有8项内容,每项有10道小题,每道小题如果与自身实际情况相符合记1分,不符合则记0分。每项内容的10道小题赋分完成后,请将其相加,得到该项内容的总分。依次做完8项内容的所有题目,最后再比较各项内容的得分情况。

言语—语言智能	得分
1.你喜欢双关语、绕口令、打油诗等文字游戏。	
2.你喜欢阅读书籍、杂志和报纸。	
3.你擅长讲故事,可以轻松地口头或书面表达自己。	
4.你在聊天时经常暗示读过或听过的故事。	
5.你喜欢玩填字、拼字或猜字游戏。	
6.你喜欢语文、历史和社会学科。	
7.你在辩论和争论时,可以自由清晰地控制自己的语言。	
8.你喜欢提出问题,并解释如何解决。	
9.你可以很容易地吸收大众媒体所传达的信息。	
10.你擅长倾听并理解别人的话语。	
总分	
逻辑—数理智能	得分
1.你喜欢做与数字有关的工作和活动,心算能力强。	
2.你对科学新知识有兴趣,喜欢进行各种实验。	
3.你可以用数字规划工作和生活,对家庭预算和理财有一套。	
4.你喜欢规划度假或旅行的详细行程。	
5.你喜欢智力游戏,能通过逻辑思维解决难题。	
6.你能够发现别人说的或做的内容有逻辑缺陷。	
7.你最喜欢数学和科学。	
8.你擅长用举例来说明一个总体的概念。	
9.你解决问题时有全局观,有步骤。	

（续表）

10.你必须将事物归类分组，或将其数据化才能够找到其关联性。	
总分	
视觉—空间智能	得分
1.你喜欢用照相机或摄像机将事物记录下来。	
2.你喜欢美术课，喜欢几何。	
3.你做笔记时喜欢随意乱写、乱涂。	
4.你喜欢拼图、积木和走迷宫。	
5.你喜欢以图片、绘画说明事物。	
6.你喜欢有很多图片的书籍。	
7.你喜欢观赏艺术品。	
8.你擅长将物品分解、重组。	
9.你阅读地图时很有方向感。	
10.你可以从不同的角度想象事物。	
总分	
身体—动觉智能	得分
1.你喜欢并定期参加体育运动。	
2.你擅长自己动手做事。	
3.你喜欢一边散步或慢跑，一边思考。	
4.你喜欢在聚会中玩最刺激的游戏。	
5.你喜欢体育课和工艺课、雕塑。	
6.你乐意在舞会中表现自己。	
7.你可以使用手势或其他身体语言表达自己。	
8.你喜欢和孩子打闹，玩混战游戏。	
9.你需要通过动手操作学习新东西。	
10.你需要详细理解将要处理的事情。	
总分	
音乐—节奏智能	得分
1.你会使用一种乐器。	

（续表）

2.你唱歌不会跑调。	
3.你通常听了几次就可以记住乐曲的音调。	
4.你经常在家里或车上听音乐，偶尔也去听音乐会。	
5.你可以容易地辨别不同乐器。	
6.你脑海中经常浮现广告歌曲和节目主题曲。	
7.你没有音乐就很难生活，音乐容易激发你的情绪和想象力。	
8.你经常哼歌曲或吹口哨。	
9.你会自然地跟着音乐打拍子。	
10.你喜欢用节奏或押韵来记事物。	
总分	
交往－交流智能	**得分**
1.你喜欢加入小组或群体与他人合作。	
2.你以成为别人的良师益友而感到自豪。	
3.别人向你求助，你会觉得自己富有同情心。	
4.你喜欢团队运动项目（如篮球、足球）胜过个人项目（如游泳）。	
5.你喜欢有别人参与的游戏，如打扑克牌、桥牌等。	
6.你喜欢参加聚会，而不喜欢独处。	
7.你有不少知心朋友。	
8.你善于与人沟通和调解争端。	
9.你喜欢带头示范，带领他人做事。	
10.你喜欢与人合作，不喜欢自行解决问题。	
总分	
自知－自省智能	**得分**
1.你喜欢写日记，记录个人的内心想法。	
2.你常独自沉思过往的重要经历。	
3.你有人生规划，知道自己努力的方向。	
4.你能独立思考，了解自己，可以自己做决定。	
5.你有自己的兴趣和爱好，不想和别人共享。	

(续表)

6.你喜欢独处，对自己的现状满意。	
7.你了解自己的长处和短处。	
8.度假时你更喜欢住山上独立的小屋，而不是风景区的星级酒店。	
9.你会参加认识和提升自我的课程。	
10.你喜欢自己当老板，自己拿主意。	
总分	
自然观察智能	**得分**
1.你喜欢宠物。	
2.你记得不同类型的树木花卉。	
3.你有兴趣了解人体内部各系统运作，懂得保持健康。	
4.你可以通过动物的行为，解读天气现象。	
5.你喜欢做和园艺有关的活动。	
6.你有兴趣了解全球的环境状况。	
7.你理解宇宙起源和生命的进化。	
8.你对社会现状和人的行为感兴趣。	
9.你羡慕农夫和渔民。	
10.你认为节约资源和可持续发展是当代两大公共议题。	
总分	

测试结果统计

智能类型	言语—语言智能	逻辑—数理智能	视觉—空间智能	身体—视觉智能	音乐—节奏智能	交往—交流智能	自知—自省智能	自然观察智能
得分								

第八节　积极心理学

马丁·塞利格曼博士是积极心理学的始祖，被称为积极心理学之父。他是美国积极心理学中心的主管。1997年，他曾以史上最高票的记录，被选为美国心理学协会主席。他于1998年提出了"积极心理学"这一概念，于2000年1月发表论文《积极心理学导论》，标志着积极心理学作为一个研究领域的形成。

积极心理学是心理学领域的一场革命，是一门从积极角度研究心理学的新兴学科，是采用科学的原则和方法来研究幸福，倡导心理学的积极取向，研究人类的积极心理品质，关注人类的健康幸福与和谐发展的一门学科。它帮助个体发掘、强化和维持人本身及其生命中的"积极资源"，注重发挥优势，重视积极情感体验，培养成长型思维，使人蓬勃发展。

一、积极心理学的研究对象和主要内容

1. 积极心理学研究的三个层面

（1）主观层面上，研究积极的主观体验、幸福感和满足（对过去）、希望和乐观主义（对未来）以及快乐和幸福体验（对现在），包括它们的生理机制以及获得的途径。

（2）个人层面上，研究积极的个人特质，包括爱的能力、工作的能力、勇气、人际交往技巧、对美的感受力、毅力、宽容、创造性、关注未来、灵性、天赋和智慧，目前这方面的研究集中于这些品质的根源和效果上。

（3）群体层面上，研究公民美德和使个体成为具有责任感、利他主义、有礼貌、宽容和有职业道德的公民的社会组织，包括健康的家庭、关系良好的社区、效果良好的学校、有社会责任感的媒体等。

2. 积极心理学研究的主要内容

（1）积极心理学的主题就是追求幸福。马丁·塞利格曼认为，积极心理学的目标是使人生更加蓬勃丰盈，获得幸福。他强调了幸福的五个元素：积极情绪、投入、人际关系、意义和目的、成就。这五个元素构成了自由人的终极追求，每一个元素都对幸福有贡献，每一个元素都是一种真实的东西，每一个元素都能促进幸福，但是没有一种元素可以单独地定义幸福。积极心理学是心理学史上具有革命意义的学科，其研究对象是普通人的心理活动，针对大部分人的心理状况来指导人们如何追求幸福的生活。

马丁·赛利格曼提出了一个幸福的公式：总幸福指数=先天的遗传素质+后天的环境+你能主动控制的心理力量（H=S+C+V）。总幸福指数是指你的较为稳定的幸福感，而不是暂时的快乐和幸福。

幸福的奥秘是什么？现代人为什么经常不快乐？怎样保持生命的最佳状态？怎样走进一个洋溢着积极的精神，充满乐观的希望和散发着春天活力的心灵状态？积极心理学为我们揭示了与传统心理学完全不一样的心灵世界，让我们超越自身的不快乐、狭隘、愤怒、嫉妒、恐惧、焦虑等消极心态，以更积极的、建设性的情绪来面对生活的挑战。

（2）关注品格优势和美德。通过对不同心理品质的研究，积极心理学发现了跨文化存在的如下24种品格优势，它们共同构成了幸福五元素的基石。

智慧：创造力、好奇心、思维力、好学、洞察力；

勇气：勇敢、坚韧、正直、活力；

人道：爱、善良、社会智能；

公正：公民精神、公平、领导力；

节制：宽恕、慈悲、谦卑、审慎、自我规范；

超越：欣赏美和卓越、感恩、希望、幽默。

这些品格优势和美德跨文化地存在于每个人身上。运用自身最强的优势获得更多的积极情绪、意义、成就，投入并发展更好的社会关系。在生涯规划教育过程中，学生可以通过学习、体验和发现自己的品格优势，挖掘自身的潜能。

（3）强调建设积极的社会环境。注重研究人类幸福的环境条件（家庭、学校、社会）以及创造力的体现、培养、发挥等社会环境因素。有人研究证实：当孩子们的周围环境和师友提供了最优的支持、同情和选择时，他们最有可能拥有良好的心理健康和人际关系；反之，这些孩子容易出现不健康的情感和行为方式。

二、积极心理学在高中生涯教育中的应用

1. 积极心理学能够引领生涯规划教育的发展

在生涯规划教育中通过学习、借鉴积极心理学的研究成果，帮助学生蓬勃健康地成长，让学生在生涯过程中培养积极思维，最终收获幸福美好的人生。

积极心理学的研究已经证实，和一般人相比，那些具有积极观念的人具有更良好的社会道德和更佳的社会适应能力，他们能更轻松地面对压力、逆境和损失，即使面临最不利的社会环境，他们也能应付自如。积极心理学致力于人的积极品质，这既是对人性一种伟大的尊重和赞扬，同时在更大程度上也是对人类社会的一种理智理解。我们说，人身上一定存在着某种优胜于其他生命形式的源泉，这一源泉就是人外显的或潜在的积极品质。正因为有这种能力，不仅使得人类在激烈的生存斗争中保持着一种人的自尊，并在与其他生命形式构成的社会系统中充当着主宰，而且也使人类社会在大多数情况下能以一种万物共存的方式而不断向前发展。

积极心理学建立在人的情绪与体验上，通过感知和训练而建立长久的获得幸福的能力，这样的路径与体验式生涯教育的理念非常一致。积极心理学的理念渗透到生涯规划教育中，能唤起学生的积极情绪体验，提升自我效能感，更有利于学生生涯行动与目标的达成。当人在发挥自我优势时，更容易产生积极情绪。生涯规划教育发展需要注重培养学生积极的自我认知，增强自信心，发掘自身潜能，实现人生幸福。

2. 在生涯规划教育中运用积极心理学研究成果具有较强的操作性

积极心理学的研究在学校教育中的应用得到了验证与推广，积极心理学的研究成果、理念、方法和技术是生涯规划教育的重要学习与借鉴的载体。马丁·塞利格曼在对品格优势与美德进行分类后，开发了一套可以进行测量的量表。我国清华大学积极心理学研究中心根据中国文化的特点，自主研发了最新的中国人性格优势调查问卷。学生可以通过有效的问卷测试，加深对品格优势的认识和对自我的理解。

3. 在生涯规划教育中运用积极心理学理论可以取得较好的教育效果

从积极心理学在学校情景中的应用发现，积极心理的干预方式不仅能够促进学生的积极情绪、积极认知及积极行为的提升，还可以降低学生的负面情绪，提升学生的心理品质。积极心理学建立在人的情绪与体验上，通过感知和训练而建立长久的获得幸福的能力，这样的路径与体验式生涯教育的理念非常一致。积极心理学的理念渗透在生涯规划教育中，能唤起学生的积极情绪体验，提升自我效能感，更有利于学生生涯行动与目标的达成。

积极教育其实就是品格优势的发挥，学生发挥品格优势不仅能够有效提升成绩，还可以为美好人生打下一个坚实的基础。生涯规划教育不仅仅是引导学生发现自身的优势，积极心理学的研究也不仅仅停留在优势的发现上，还关注了学生的优势的培养与发展。安吉拉·达克沃思在研究中发现，多所名校中，影响一个孩子能否顺利毕业或者成功很重要的因素是坚毅。她提出：天赋×努力=技能，技能×努力=成就，因此，天赋×努力×努力=成就。努力对成就的影响比天赋更大，因此拥有坚毅品质更可能让人获得成功。

从生涯教育的发展历史与当前社会发展的趋势来看，生涯规划教育与积极心理学可以融合发展，更好地解释、解决学生教育中的一些问题。

第三章 自我认知

古希腊奥林匹斯山上的德尔斐神庙里有一块石碑，上面写着"认识你自己"。这也是苏格拉底哲学原则的宣言。

松下幸之助说："每个人最重要的事情，就是认识自己个性，而加以发展。"

英国作家乔纳森·斯威夫特说："尽管我们常常谴责人类不了解自己的缺点，但恐怕也很少有人了解自己的长处。就像在泥土中埋藏着一罐金子，土地的主人却不知道一样。"

美国年度教师贝特西·罗杰斯说："孩子就像玫瑰花蕾，有不同的花期。最后开的花，与最早开的花一样美丽。"

第一节　性格探索

性格决定命运。　——赫拉克利特
性格决定命运。　——培根
性格就是能力。　——卡尔·威特
一个人的性格决定他的际遇。　——罗曼·罗兰

生涯认知

性格是指人对现实世界比较稳定的态度和与之相适应的习惯性行为方式。一个人的性格对其生涯发展有着重要的影响。性格是基因与后天环境交织出来的产物，无好坏之分，但影响了你在生活中的选择及行动。

根据著名心理学家卡尔·荣格先生的"人格分类"理论为基础，MBTI人格共有四个维度，每个维度有两个方向，共计八个方面。分别是：外倾（E）和内倾（I）、感觉（S）和直觉（N）、思考（T）和情感（F）、判断（J）和知觉（P）。

性格是个体内部的行为倾向，它具有整体性、结构性、稳定性、独特性、复杂性和可塑性等特点，是每个人特有的并且与生俱来的天性，可以对人外显的行为、态度提供统一的、内在的解释。美国心理学大师威廉·詹姆士强调：播下一个行动，收获一种习惯；播下一种习惯，收获一种性格；播下一种性格，收获一种命运。说明塑造良好的性格将影响人生命运。尽管性格是早年形成的固定行为模式，在今后的性格发展中很难纠正，但不是说完全不可更改，因为性格是发展的，性格是可变的、可塑的。

性格的形成除了受遗传的影响，更多的是受后天因素的影响，包括教育、环境、历练等因素的影响。比如懒惰、做事敷衍、任性，这些都不是与生俱来

的，与生活环境有很大关系。同样，这些性格缺陷也是可以在生活环境的历练中得到改变的。

性格的形成和发展需要经历一个漫长的过程：3—5岁是性格萌芽的时期，一些未定型的特质慢慢成长；6—11岁性格初现端倪，但此时的性格很不稳定，容易受到环境的影响；12—17岁是少年期和青年初期，也是性格形成的关键期，经过有意识的塑造，一些良好的性格特质会在青年初期慢慢定型；18—55岁，性格成熟期；55岁到死亡，性格更年期，这一时期的性格变化因人而异，主要受生理衰老和生活环境变化的影响。

一、优化性格品质的主要方法

1. 提高认知，在实践中自觉塑造自己。良好性格和心理品质的形成以认识为基础，无论积极心理品质的塑造，还是消极心理品质的矫正，都必须以提高认识、判断和评价水平为突破口。正确识别与评价现实生活中的真、善、美与假、恶、丑现象，形成正确的是非观、美丑观和荣辱观，做到既能正确认识、评价社会生活中的人、事、物，也能客观地认识与评价自己。同时在实践中不断学习自觉塑造自己良好性格的方法与途径。只有真正提高了自己的性格认知水平，才有可能焕发出塑造良好性格的内动力，才会取得良好的效果。

2. 发挥榜样的示范作用。对于自己认定的榜样，无论是仰慕其气质还是钦佩其才华，是崇拜其思想还是醉心其成就，或者这几类兼而有之，都可把他当成引路人。虽然所有榜样的成功都是不可复制的，但我们完全可以拷贝他们积极向上的激情，模仿他们有助于成功的性格特质，从模仿走向自觉与成熟，让自己的性格得到完善。

3. 融入集体环境，与人和谐相处。性格的塑造得益于一定的环境以及环境中的人。因此，我们要利用生活的平台，在人群里自觉地、积极地去修炼性格。例如，课堂上专注、乐思、愉快、合作；升旗仪式中庄严、肃穆；尊重老师，与同学友善相处，协助老师创建一个团结互助、严谨治学、奋发进取的集体环境。这些日常生活小事都是在帮助我们完善自己的良好性格。

4. 培养健康的生活情趣，保持积极、乐观的心境，并养成习惯。性格的塑造始于习惯的培养。一个人偶尔心情不好，虽不至于影响性格，但若长期心情不好，对性格就有影响了。如长年累月爱生气、爱使性子，为一点小事而激动的人，容易暴躁易怒、神经过敏、冲动沮丧，这是一种异常情绪型的性格。因此，要时刻提醒自己培养幽默感，增加愉快的生活体验，保持愉快的记忆。

当遇到挫折与失败时，不埋怨生不逢时，不归罪于别人，不强调客观，而是正视现实，挖掘挫折的积极因素，然后再想方设法去改变。当这些积极的处事模式成为习惯时，就会养成积极、乐观等良好的性格特质了。

5. 监督落实，自我奖惩。进行性格塑造时，除了自我监督、自我奖惩之外，还可以邀请亲朋好友见证自己的性格塑造，并邀请其参与监督，帮助自己更好地落实性格塑造计划。

二、MBTI职业性格测试

MBTI性格测试可以帮助我们认清自己，但是必须知道我们是可以不断完善的。测试的目的是反映最真实的自己，而不是别人所期待的你。通过MBTI职业性格测试及分析，我们会大概了解自己的性格，这就为我们以后学习、与人交往、选择职业奠定了基础。当然，完全地了解自我确实还有难度，毕竟每个人的性格也会随着时间、环境的变化而不断变化，所以唯有我们不断思考，不断改变，不断分析才能更准确地认识自己，也只有这样才能知道自己到底想要过什么样的生活。因为职业和人格的最佳匹配使我们成为更有重点、更有效的学习者，因此我们可以每天都去学习并且喜欢我们所做的事情。

MBTI理论认为一个人的个性可以从四个角度进行分析，用字母代表如下：

聚焦注意力的方向：外倾E——内倾I

搜集信息的方式：感觉S——直觉N

决策的方式：思维T——情感F

对外在世界的态度：判断J——知觉P

内外倾维度是区分个体最基本的维度，表示我们心理能量的获得途径和与外界相互作用的程度，即我们的注意力较多地指向于外部的客观环境还是内部的自我认知。外倾与内倾个体之间的区分并不像我们平时讲的"外倾者健谈、内倾者害羞"那么简单，具体可以从下列几个方面进行分析：

外倾（E）——内倾（I）维度

外倾型（E）	内倾型（I）
与他人相处时精力充沛。	独处时精力充沛。
行动先于思考。	思考先于行动。

（续表）

外倾型（E）	内倾型（I）
喜欢边想边说出声。	在心中思考问题。
随意地分享个人情况。	更封闭，更愿意在经挑选的小群体中分享个人的情况。
说的多于听的。	听的比说的多。
高度热情地社交。	不把兴奋说出来。
反应快，喜欢快节奏。	仔细考虑后，才有所反应。
重于广度而不是深度。	喜欢深度而不是广度。

我们每个人都在不断接受着信息，这是我们跟上外界节拍的必要前提。但不同类型的个体接受信息的方式不同，这便有了感觉型与直觉型之别。感觉直觉维度又称之为非理性维度或知觉维度，表示我们在收集信息时注意的指向。具体区别如下：

感觉（S）——直觉（N）维度

感觉型（S）	直觉型（N）
相信确定和有形的东西。	相信灵感或推理。
对概念和理论兴趣不大，除非它们有着实际的效用。	对概念和理论感兴趣。
重视现实性和常情。	重视可能性和独创性。
喜欢使用和琢磨已知的技能。	喜欢学习新技能，但掌握之后很容易就厌倦了。
留意具体的、特定的事物；进行细节描述。	留意事物的整体概况、普遍规律及象征含义；用概括、隐喻等方式进行表述。
循序渐进地讲述有关情况。	跳跃性地展现事实。
着眼于现实。	着眼于未来，留意事物的变化趋势，惯于从长远角度看待事物。

思维情感维度又称为理性维度或判断维度。表示我们在作决定时采用什么系统，即做决定和下结论的方法，是客观的逻辑推理还是主观的情感和价值判断。仅看这个维度的名称，也许你会觉得，思维型的人是理性的，而情感型的

人是非理性的，事实上并非如此。两类人都有理性思考的成分，但做决定或下结论的主要依据不一样。具体区别如下：

思维（T）——情感（F）维度

思维型（T）	情感型（F）
退后一步思考，对问题进行客观的、非个人立场的分析。	超前思考，考虑行为对他人的影响。
重视符合逻辑、公正、公平的价值；一视同仁。	重视同情与和睦，重视准则的例外性。
被认为冷酷、麻木、漠不关心。	被认为感情过多，缺少逻辑性，软弱。
认为坦率比圆通更重要。	认为圆通比坦率更重要。
只有当情感符合逻辑时，才认为它可取。	无论是否有意义，认为任何感情都可取。
为"获取成就"所激励。	为"获得欣赏"所激励。
很自然地看到缺点，倾向于批评。	惯于迎合他人，注重维护人脉资源。

知觉判断维度用以描述个体的生活方式。即倾向于以一种较固定的方式生活（或作决定）还是以一种更自然的方式生活（或收集信息）。两者的区别如下：

判断（J）——知觉（P）维度

判断型（J）	知觉型（P）
做了决定后最为高兴。	当各种选择都存在时，感到高兴。
有"工作原则"：工作第一，玩其次（如果有时间的话）。	有"玩的原则"：现在享受，然后再完成工作（如果有时间的话）。
建立目标，准时完成。	随着新信息的获取，不断改变目标。
愿意知道它们将面对的情况。	喜欢适应新情况。
注重结果（重点在于完成任务）。	注重过程（重点在于如何完成工作）。
满足感来源于完成计划。	满足感来源于计划的开始。
把时间看作有限的资源，认真地对待最后期限。	认为时间是可更新的资源，而且最后期限也是可伸缩的。

这四个角度两两组合，可以组合成16种人格类型。实际上这16种类型又归于四个大类之中，在此我们将四个大类型筛选，并总结如下：

SJ型——传统主义者

具有SJ偏爱的人的共性是有很强的责任心与事业心，他们忠诚，按时完成任务，推崇安全、礼仪、规则和服从，他们被一种服务于社会需要的强烈动机驱使。他们坚定，尊重权威、等级制度，持保守的价值观。他们充当着保护者、管理员、稳压器、监护人的角色。大约有50%左右SJ偏爱的人被政府部门及军事部门的职务所吸引，并且显现出卓越成就。其中在美国执政过的41位总统中有20位是SJ偏爱的人。例如：乔治·华盛顿、乔治·布什等。

SP型——经验主义者

有SP偏好的人有冒险精神，反应灵敏，在任何要求技巧性强的领域中游刃有余，他们常常被认为是活在危险边缘喜欢寻找刺激的人。他们为行动、冲动和享受现在而活着。约有60%左右SP偏好的人喜欢艺术、娱乐、体育和文学，他们被称赞为"天才的艺术家"。

我们熟悉的音乐大师莫扎特、著名画家毕加索、歌星麦当娜、篮球魔术师约翰逊等都是具有SP性格特点的例子。

NT型——理性主义者

达尔文、牛顿、爱迪生、瓦特这些发明家、科学家你一定不陌生吧！

具有NT偏爱的人有着天生的好奇心，喜欢梦想，有独创性、创造力、洞察力，有兴趣获得新知识，有极强的分析问题、解决问题的能力。他们是独立的、理性的、有能力的人。

人们称NT是思想家、科学家的摇篮，大多数NT类型的人喜欢物理、研究、管理、电脑、法律、金融、工程等理论性和技术性强的工作。如：阿伯特·爱因斯坦、比尔·盖茨、玛格丽特·撒切尔等。

NF型——理想主义者

具有NF偏爱的人在精神上有极强的哲理性，他们善于言辩、充满活力、有感染力，能影响他人的价值观并鼓舞其激情。他们帮助别人成长和进步，具有煽动性，被称为"传播者"和"催化剂"。

约有一半的人在教育界、文学界、宗教界、咨询界以及心理学、文学、美术和音乐等行业显示着他们的非凡成就。如：弗拉基米尔·列宁、莫汉迪斯·甘地等。

每种个性类型均有相应的优点和缺点以及其适合的工作环境，适合的岗位特质。使用MBTI进行生涯自我认知的关键在于如何将我们的人格特点与职业特点进行结合。

认识自己的性格类型，可以让自己更好地了解自己，理解自己的行为特点，根据自己的特点学习和解决问题，但这并不意味着它可以成为约束你不做某事或不选择某物的借口。性格认识旨在帮助我们更好地了解自己的行为特点，理解他人为何与自己不同。评价标准不止一个，人与环境的互动也很复杂，很难用某个标准来评价。

例如：有学生一向觉得自己内向，待人不够热情，但他在同学的反馈中看到了"亲和""热情"这样的描述。该生在惊讶之余会开始反思和重新审视自己，并和同学进行沟通。他发现，自己并不像自己认为的那样内向与不热情，只是过于担心自己成为那样的人而已。明白了这一点，他在和人打交道的时候轻松了很多，也有了更多的信心。

MBTI各种性格类型的主要特征及适合职业举例

性格类型		主要特征	职业举例
内倾型（I）	内倾感觉思维判断（ISTJ）	安静、严肃，通过全面性和可靠性获得成功，重实际，有责任感，决定有逻辑性，并一步步地朝着目标前进，不易分心，喜欢将工作、家庭和生活都安排得井井有条，重视传统和忠诚。	管理、会计或者其他能够利用自己的经验和对细节的关注完成任务的职业。
	内倾感觉情感判断（ISFJ）	安静、友好、有责任感和良知，坚定地致力于完成工作，全面、勤勉、忠诚、体贴，记得和留心他们重视的人的细节问题，关心他人的感受，努力把工作和家庭环境营造得有序而温馨。	教育、健康护理或者其他能够亲力亲为地帮助（这种帮助是协助性或辅助性的）他人的职业。
	内倾直觉情感判断（INFJ）	寻求思想、关系、物质等各事物之间的意义和联系，希望了解什么能够激励人，对他人有很强的洞察力，有责任心，坚持自己的价值观，对怎样更好地服务大众有清晰的目标，在实现目标的过程中有计划而且果断坚定。	咨询服务、教育、艺术等领域，或者其他能够帮助他人在情感、智力或精神上发展的职业。

（续表）

性格类型		主要特征	职业举例
内倾型（I）	内倾直觉思维判断（INTJ）	在实现自己的想法和达成自己的目标时有创新的想法和非凡的动力，能够很快洞察到外界事物的客观规律并形成长期计划，一旦决定做一件事就会开始规划并直到完成为止，多疑、独立，对自己和他人的能力、表现要求非常高。	科学或技术领域、计算机、法律，或者其他运用智力和技术构思分析和完成任务的职业。
	内倾感觉思维知觉（ISTP）	灵活、忍耐力强，是一个安静的观察者；发生问题时，会马上行动，找到实用的解决方法；分析事物运作的原理，能从大量的信息中很快地找到问题的症结所在；对原因和结果感兴趣，喜欢用逻辑的方式处理问题，重视效率。	技术人员、农民、军人，或者其他能够动手操作、分析数据的职业。
	内倾感觉情感知觉（ISFP）	安静、友好、敏感、和善，享受当前，喜欢有自己的空间，喜欢按照自己制作的时间表工作，对与自己的价值观相同和觉得重要的人非常忠诚，有责任心，不喜欢争论和冲突，不会将自己的观念和价值观强加到别人身上。	商人、健康护理，或者其他注重友善、专注于细节的相关职业。
	内倾直觉情感知觉（INFP）	理想主义者，对与自己的价值观相同和自己觉得重要的人非常忠诚；希望外部的生活和自己内心的价值观是统一的；好奇心重，能很快看到事情的各种可能性，并使之成为实现想法的催化剂；乐于理解别人和帮助别人激发潜能；适应力强，灵活，接受能力强，除非有悖于自己的价值观的。	写作、咨询服务、艺术等领域，或者其他能够运用创造力或与价值观有关的职业。
	内倾直觉思维知觉（INTP）	对自己感兴趣的任何事物都寻求合理的解释；喜欢理论性的和抽象的事物，热衷于思考而非社交活动；安静、内向、灵活、适应力强；对自己感兴趣的领域有超凡的精力和深度解决问题的能力；多疑，有时会有点挑剔，喜欢分析。	科学技术领域，或者其他能够基于专业技术、知识独立、客观分析问题的职业。
外倾型（E）	外倾感觉思维知觉（ESTP）	灵活，忍耐力强，实际，注重结果；觉得理论和抽象的解释非常无趣，喜欢积极地采取行动解决问题，注重当前，自然、不做作，享受和他人在一起的时刻，喜欢物质享受和时尚，学习新事物最有效的方式是亲身感受和练习。	市场营销、商人、应用技术员，或者其他能够利用行动来关注必要细节的职业。

（续表）

性格类型	主要特征	职业举例
外倾感觉情感知觉（ESFP）	外向，友好，接受能力强；热爱生活，喜欢和别人一起将事情做成功；在工作中讲究常识和实用性，并使工作显得有趣；灵活、自然、不做作，对任何新的事物都能很快地适应；学习新事物最有效的方式是和别人一起尝试。	教育、健康护理、教练、儿童保育等熟练工种，或者其他能够利用外向的天性和热情去帮助有实际需要的人的职业。
外倾直觉情感知觉（ENFP）	热情洋溢，富有想象力，认为人生有很多的可能性；能很快地将事情和信息联系起来然后很自信地根据自己的判断解决问题；总是需要得到别人的认可，也总是准备着给予他人赏识和帮助；灵活、自然、不做作，有很强的即兴发挥的能力，言语流畅。	咨询服务、教育、艺术等领域，或者其他能够利用创造和交流去帮助别人成长的职业。
外倾直觉思维知觉（ENTP）	反应快，睿智，有激励别人的能力，警觉性强，直言不讳；在解决新的、具有挑战性的问题时机智而有策略；善于找出理论上的可能性，然后再用战略的眼光分析；善于理解别人；不喜欢例行公事，很少会用相同的方法做相同的事情，倾向于一个接一个地发展新的爱好。	科学、技术、管理、艺术等领域，或者其他能够有机会不断直面新挑战的职业。
外倾感觉思维判断（ESTJ）	客观，现实，果断，一旦下决心就会马上行动；善于将项目和人组织起来将事情完成，并尽可能用最有效率的方法得出结果；注重日常的细节，有一套非常清晰的逻辑标准，有系统地遵循，并希望别人也同样遵循；在实施计划时强而有力。	管理或者其他能够运用事实的逻辑组织完成任务的职业。
外倾直觉情感判断（ENFJ）	热心，有责任心，乐于合作；希望周边的环境温馨而和谐，并为此果断地行动；喜欢和别人一起精确并及时地完成任务；事无巨细，忠诚，能体察到别人在日常生活中的所需并尽全力给予帮助，希望自己和自己的所为能得到别人的认可和赏识。	教育、健康护理，或者其他能够运用个人关怀为别人提供服务的职业。

（续表）

性格类型	主要特征	职业举例
外倾感觉情感判断（ESFJ）	热情，为他人着想，有责任心；非常关注别人的情感、需求和动机；善于发现别人的潜能，并希望能帮助别人实现，能成为个人或群体成长和进步的催化剂；忠诚，对别人的赞扬和批评会积极地回应，友善，喜欢社交，在团体中能较好地帮助别人，并有鼓舞别人的吸引力。	教育、艺术领域，或者其他能够帮助别人在情感、智力和精神上成长的职业。
外倾直觉思维判断（ENTJ）	坦诚、果断，有天生的领导力，能很快看到公司或组织程序和政策中的不合理性和低效能性，并能有效和全面、系统地解决问题；善于做长期的计划和目标的设定，通常见多识广，博览群书，喜欢拓宽自己的知识面并将优秀文化分享给别人；可以强而有力地表达自己的想法。	管理或者其他能够运用实际分析、战略计划和组织完成任务的职业。

生涯探索

1. 性格测试问卷

请如实回答下面60个问题。在测验中请注意，所有题目的答案本身没有正确与错误之分，所以请不要猜测题目内容的要求，也不要去推敲答案的正确性。另外，答题要迅速，整个问卷要限在10—20分钟内完成，而且不能空题。下面各题均有三种答案，A代表"是"，B代表"似是而非"，C代表"否"，将你选择的答案填在表格中。

序号	题目	选项 A	B	C
1	在大庭广众面前不好意思。			
2	对人一见如故。			
3	愿意一个人独处。			
4	好表现自己。			
5	与陌生人难打交道。			
6	开会时喜欢坐在被人注意的地方。			
7	有不快事情时能抑制感情，不露声色。			

（续表）

序号	题目	选项 A	B	C
8	在众人面前能爽快地回答问题。			
9	不喜欢社交活动。			
1	愿意经常和朋友在一起。			
11	自己的想法不轻易告诉别人。			
12	只要认为是好东西就立即买下来。			
13	爱刨根问底。			
14	容易接受别人的意见。			
15	凡事很有主见。			
16	喜欢高谈阔论。			
17	休息时宁可一个人独坐也不愿同别人聊天。			
18	决定问题爽快。			
19	遇到难题非弄懂不可。			
20	常常未等别人把话说完，就觉得自己已经懂了。			
21	不善和人辩论。			
22	遇到挫折不易丧气。			
23	时常因为自己的无能而沮丧。			
24	碰到高兴事极易喜形于色。			
25	常常对自己面临的选择犹豫不决。			
26	不太注意别人的事情。			
27	不好表现自己。			
28	好憧憬未来。			
29	容易羡慕别人的成绩。			
30	相信自己不比别人差。			
31	注意别人对自己的看法。			
32	不大注意外表。			
33	发现异常现象易想入非非。			
34	即使有心事也很快遗忘。			
35	总是把家里收拾得干干净净。			
36	常常不知道自己把东西放在哪里了。			
37	做事很细心。			
38	对于别人的请求乐于帮助。			
39	十分注意自己的信用。			
40	热情来得快，消退得也快。			
41	信奉"不干则已，干则必成"。			
42	做事情更注重速度而不是质量。			

（续表）

序号	题目	选项 A	B	C
43	一本书可以反反复复看几遍。			
44	不习惯长时间读书。			
45	办事大多有计划。			
46	兴趣广泛而多变。			
47	学习时易受外界干扰。			
48	开会时喜欢同人交头接耳。			
49	作业大多整洁、干净。			
50	答应别人的事情经常会忘记。			
51	一旦对人有看法不易改变。			
52	容易和人交朋友。			
53	不喜欢体育运动。			
54	对球赛尤为感兴趣。			
55	买东西前总要比较一番质量。			
56	不惧怕从来没做过的事情。			
57	遇到不愉快的事情可以生气很长时间。			
58	自己做错了事，容易承认和改正。			
59	常常担心自己会失败。			
60	容易原谅别人。			

记分与评价：凡单数题（1、3、5、7、9……）中A为0分，B为1分，C为2分；凡偶数题（2、4、6、8……）中A为2分，B为1分，C为0分。将你的得分相加，得出总分。90分以上，你是一个典型外倾型性格的人；71—90分，你是一个稍外倾型性格的人；51—70分，你是一个外倾、内倾混合型性格的人；31—50分，你是一个稍内倾性格的人；30分以下，你是一个典型内倾型性格的人。

了解自己的性格类型后，要在今后的学习和生活中发扬自己良好的性格，克服自己不良的性格。请你回答：

（1）在你学习与生活中表现比较稳定的良好性格有哪些？不良性格有哪些？

（2）你打算如何改掉不良性格？

（3）你的好朋友有哪些良好性格和不良性格？

（4）面对好友的良好性格和不良性格，你的感受是什么？

2. 了解自己的性格特质

通过自我反思与他人反馈相结合的方式来了解自己的性格。请与你的亲朋好友一道在下面的"性格特质清单"中找出最符合你性格特质的词语，然后完成"性格特质大家说"表格。

性格特质清单

学术性强的	有创造性的	爱玩耍的	博学的	忠诚的
精确的	好奇的	泰然自若的	慷慨的	热心的
活跃的	果断的	礼貌的	讲道德的	谦虚的
精通的	热情的	积极的	富于表现力的	善良的
胆大的	民主的	实用的	公平的	观察敏锐的
攻击性强的	感情外露的	多产的	有远见的	头脑开放的
坚持己见的	可靠的	文雅的	流行的	有秩序的
健壮的	坚决的	爱说话的	坚定的	独创的
敏锐的	灵巧的	有目的性的	灵活的	随和的
仔细的	婉转得体的	快速的	有力的	充满热情的
喜悦的	谨慎的	安静的	合礼仪的	成功的
坚持的	独特的	活泼的	朴素的	同情的
心胸开阔的	占统治地位的	理性的	大方的	有策略的
有条理的	有文化的	现实的	亲切的	顽强的
平静的	拘谨的	合理的	温和的	理论性强的
正直的	负责的	沉思的	乐群的	深思熟虑的
聪明的	反应灵敏的	容光焕发的	吃苦耐劳的	宽容的
竞争的	敏感的	机敏的	健康的	坚强的
有信心的	严肃的	野心勃勃的	诚实的	值得信赖的
认真的	精明的	好分析的	有希望的	善解人意的

（续表）

考虑周到的	真诚的	感谢的	幽默的	保护的
前后一致的	好交际的	能说会道的	富有想象力的	准时的
常规的	自发的	艺术的	独立的	多才多艺的
合作的	稳定的	有效率的	勤奋的	精力旺盛的
有勇气的	逻辑性强的	雄辩的	有知识的	有德行的
周到的	耐心的	有感情的	智慧的	温暖的
有说服力的	平和的	精力充沛的	进取的	迷人的

性格特质大家说

视角	对你的性格描述
我眼中的我	
爸爸眼中的我	
妈妈眼中的我	
同学眼中的我	
老师眼中的我	
朋友眼中的我	
其他人眼中的我	

3. 探索自身的优势与潜能

积极心理学认为，人类的个人优势包括六大美德和二十四种积极人格。其中，六大美德是指：智慧、勇气、仁爱、公正、节制、卓越。二十四种积极人格是：创造力、好奇心、判断力、好学、洞察力、勇敢、毅力、诚实、热情、爱、善良、社交智慧、团队合作、公平、领导力、宽恕、谦虚、谨慎、自制、美感、感恩、幽默、乐观、灵性。高中生应该具备的积极品质包括：思维与创造力、领导力、洞察力、谦虚、乐观、诚实、自制、灵性等。

试着对自己做出评估，看看自己已经拥有哪些优势，哪些是尚未拥有但今后想拥有的，记录在下面的表中。

我所拥有的人格优势	我想拥有的人格优势

4. 我的性格塑造计划

重塑自我从观念开始！重塑自我从自身开始！重塑自我从现在开始！重塑自我从每一件小事开始！

行动起来，利用好性格塑造的关键期，为自己制订一份性格塑造计划吧！

我的性格蓝图	
突出的优点	
需塑造的性格特点	
优化性格的具体措施	

检查监督情况记录	时间			
	结果			

生涯拓展：名人的性格修炼

人们性格成熟的进度，往往与性格修养的认真程度成正比。性格的自我修养进行得越认真，性格成熟也就越快。这可以从杰出人物优良性格的形成过程中找到证明。

大文学家列夫·托尔斯泰青年时期就开始为自己制订了"意志发展的规则"。开始是制订生活方面的规则，如什么时候起床、睡觉、吃什么等。后来，直接的意志训练在这个规则中占了主要地位，如"集中全力去做一件事情""尽力而为""只有在必要的情况下，一件事情没有结束，才着手做其他的事情""在从事一切工作前，要考虑它的目的"等。

美国著名科学家富兰克林早在年轻的时候就下决心"克服一切坏的自然倾向、习惯或伙伴的引诱"。为此，他给自己制订了一项包括13个名目在内的性格修养计划：节制、静默、守秩序、果断、俭约、勤勉、真诚、公平、稳健、整洁、宁静、坚贞和谦逊。为了监督自己逐条执行这些项目，在青年时期，他把这13项内容记录在小本子上，画出7行空格，每晚做一番自省。如果白天犯了某一项过错，就在相应的空格里记上一个黑点。他希望通过长年累月的自我反省，完全消灭这些代表缺点的黑点符号。晚年他撰写自传时，还特别谈起青年时代自我修养的努力，认为他的成绩应当归功于自我修养。

第二节 情绪探索

能控制好自己情绪的人，比能拿下一座城池的将军更伟大。——拿破仑
你若爱，生活哪里都可爱。你若恨，生活哪里都可恨。——丰子恺

生涯认知

情绪是一种非常复杂的心理现象。情绪是指伴随着认知和意识过程产生的对外界事物态度的体验，是人脑对客观外界事物与主体需求之间关系的反应，是以个体需要为中介的一种心理活动。情绪是对一系列主观认知经验的通称，是多种感觉、思想和行为综合产生的心理和生理状态。基本情绪有喜、怒、哀、惊、恐、爱等，也有一些细腻微妙的复杂情绪如嫉妒、惭愧、羞耻、自豪等。

情绪调控能力是非常重要的一种生涯能力，情绪稳定的人能拥有更多的朋友，更容易让人接近，学习和工作的效率更高，遇事也更加理智和冷静。有效的自我训练能显著提高一个人的情绪能力，帮助获取积极信念，获得正向体验，让生活变得阳光明媚、充满活力。

情绪是由以下三种成分组成的：

1. 情绪涉及身体的变化，这些变化是情绪的表达形式。
2. 情绪涉及有意识的体验。
3. 情绪包含了认知的成分，涉及对外界事物的评价。

情绪既是主观感受，又是客观生理反应，具有目的性，也是一种社会表达。情绪构成理论认为，在情绪发生的时候，有5个基本元素必须在短时间内协调、同步地进行。

1. 认知评估。注意到外界发生的事件或人物，认知系统自动评估这件事的感情色彩，触发接下来的情绪反应。

2. 身体反应。情绪的生理构成，身体自动反应，使主体适应这一突发状况。

3. 感受。人们体验到的主观感情。

4. 表达。面部和声音变化表现出这个人的情绪，这是为了向周围的人传达情绪主体对一件事的看法和他的行动意向。

5. 行动的倾向。情绪会产生行动（例如：悲伤的时候希望找人倾诉，愤怒的时候会做一些平时不会做的事）。

人类有几百种情绪，通常我们所说的基本情绪有喜、怒、哀、惧四种，其他情绪都是这四种情绪的延伸或组合。也有心理学家把人类的基本情绪分为愤怒、恐惧、悲伤、厌恶、惊奇、好奇、赞同和喜悦八种。这些基本情绪的混合可以产生无数种混合情绪，混合情绪构成了人类复杂的情绪世界，不同的人有着不同的情绪种类和表达方式。

情绪能力主要包含三种成分：

1. 情绪表达能力，主要指有更多的积极情绪表达，消极情绪较少。

2. 情绪理解能力，能准确识别他人的情感及出现该情感的原因。

3. 情绪调节能力，指将自己的情绪体验、表情调整到能达成个人目标的适当水平。

积极情绪具有重要意义。一是积极乐观的情绪能促进智力活动。乐观积极的情绪状态下，人们的逻辑思维能力、记忆功能增强，学习效率提高。积极情绪能让我们潜在的能力得到更好的发挥。二是积极乐观的情绪能带来幸福感。积极情绪让我们能够全身心地欣赏周围的美好。它能将身心调整到最佳状态，让我们看到更多、想到更多、创造更多，和周围的人更和谐、更亲密，更能体验到人生的幸福感。三是积极乐观的情绪能让事业更容易成功。积极乐观的情绪让我们充满希望地看待挫折和失败，给我们从困难中恢复的力量，使我们更加坚韧和坚强，使我们在职业道路上更容易面对挫折、克服挫折，从而获得更多的机会，发挥更大的潜能，使事业成功成为可能。

生涯探索

之一：情绪状况检测

情绪自我评定量表

情绪	表现	经常 5分	有时 3分	很少 1分	从不 0分
愤怒	我对别人隐藏、压抑自己的恼怒。				
	我和某人生气后，感到后悔。				
	别人一激，我就忍不住发怒。				
	我觉得自己对别人发火有害无益。				
	我遇到过只能用愤怒来做反应的情况。				
快乐	我的学习很枯燥，毫无乐趣可言。				
	我感到厌倦。				
	我确实很难专心于学习。				
	我的学习呈现给我的没有什么新鲜东西。				
	当我对某事感到兴奋时，就难以保持足够的冷静。				
恐惧	避开某些场景（如飞机和人群），我会感到更舒服。				
	对于我所害怕的事，我宁愿不理睬。				
	当我一想到危险时，便难以正常思考。				
	我觉得要不惜代价以避免失败。				
	对我来说，停止对某事或某人的担忧是很困难的。				
信心、信任	我对自己能否搞好学习，没有把握。				
	当别人完成任务的方式与我不同时，我会怀疑自己。				
	我觉得大多数人唯一感兴趣的是他们自己。				
	我不愿让别人参与我们做决策或制订计划。				
	我试图向别人隐瞒自己的感情。				

（续表）

情绪	表现	经常 5分	有时 3分	很少 1分	从不 0分
妒忌	他人的成功似乎是对我的威胁。				
	当我完成某件事时，我一定要让人们知道。				
	看到别人获取荣誉，我就感到心烦。				
	我对别人的错误不能容忍。				
	我发现竞争比合作更能激励我的下属。				
内疚	我为当替罪羊代人受过而感到委屈。				
	我为自己的疏忽感到不安，觉得必须弥补这些过失。				
	我觉得自己错了，但并不知道究竟错在哪里。				
	我不清楚我的道德标准是什么。				
	我过分夸大自己犯的小错误。				
焦虑	我被即将发生的麻烦所侵扰，而这些麻烦到底是什么，我并不清楚。				
	我对自己的长远目标心中没数。				
	我的压力似乎同时来自四面八方。				
	去完成一项我并不熟悉的事，我便感到心神不安。				
抑郁	我入睡困难，而且容易被吵醒。				
	我不能把注意力集中到我的学习上。				
	我感到自己不能主宰自己的命运。				
	我觉得自己许多成就是不该得到的。				
	我通过不停地活动来使自己摆脱烦恼。				

说明：每一部分总分超过15分，表明你应该注意这一方面的情绪。

之二：测一测情商（EQ）

说明：第1—9题，请从下面的问题中，选择一个和自己最切合的答案，但要尽可能少选中性答案。

1.我有能力克服各种困难。（ ）	A.是的	B.不一定	C.不是的
2.如果我能到一个新的环境，我要把生活安排得：（ ）	A.和从前相仿	B.不一定	C.和从前不一样
3.一生中，我觉得自己能达到所预想的目标。（ ）	A.是的	B.不一定	C.不是的
4.不知为什么，有些人总是回避或不愿理我。（ ）	A.不是的	B.不一定	C.是的
5.在大街上，我常常避开我不愿打招呼的人。（ ）	A.从未如此	B.偶尔如此	C.经常如此
6.当我集中精力工作时，假使有人在旁边高谈阔论：（ ）	A.我仍能专心工作	B.介于A、C之间	C.我不能专心工作且感到愤怒
7.我不论到什么地方，都能清楚地辨别方向。（ ）	A.是的	B.不一定	C.不是的
8.我热爱所学的专业和所从事的工作。（ ）	A.是的	B.不一定	C.不是的
9.气候的变化不会影响我的情绪。（ ）	A.是的	B.介于A、C之间	C.不是的

第10—25题，每题请选择一个和自己最切合的答案。

10.我从不因流言蜚语而生气。（ ）	A.是的	B.介于A、C之间	C.不是的
11.我善于控制自己的面部表情。（ ）	A.是的	B.不太确定	C.不是的
12.在就寝时，我常常：（ ）	A.极易入睡	B.介于A、C之间	C.不易入睡
13.有人侵扰我时，我：（ ）	A.不露声色	B.介于A、C之间	C.大声抗议，以泄己愤
14.在和人争辩或工作出现失误后，我常常感到激动、精疲力竭，而不能继续安心工作。（ ）	A.不是的	B.介于A、C之间	C.是的
15.我常常被一些不重要的小事困扰。（ ）	A.不是的	B.介于A、C之间	C.是的
16.我宁愿住在僻静的郊区，也不愿住在嘈杂的市区。（ ）	A.不是的	B.不太确定	C.是的
17.我被朋友或同事起过绰号，挖苦过。（ ）	A.从来没有	B.偶尔有过	C.这是常有的事
18.有一种食物使我吃后呕吐。（ ）	A.没有	B.记不清	C.有
19.除去看见的世界外，我的心中没有另外的世界。（ ）	A.没有	B.记不清	C.有

(续表)

20.我会想到若干年后有什么使自己极为不安的事。（ ）	A.从来没有想过	B.偶尔想到过	C.经常想到
21.我常常觉得自己的家庭对自己不好，但又确切地知道他们的确对我好。（ ）	A.否	B.说不清楚	C.是
22.每天我一回家就立刻把门关上。（ ）	A.否	B.不清楚	C.是
23.我坐在小房间里把门关上，但我仍觉得心里不安。（ ）	A.否	B.偶尔是	C.是
24.当一件事需要我做出决定时，我常觉得很难。（ ）	A.否	B.偶尔是	C.是
25.我常常用抛硬币、翻纸牌、抽签之类的游戏来预测凶吉。（ ）	A.否	B.偶尔是	C.是

第26—29题，请按实际情况如实回答，仅需回答"是"或"否"即可，在你选择的答案旁边的方框内打"√"。

26.为了工作，我早出晚归。早晨起床时，我常常感到疲惫不堪。	□是	□否
27.在某种心境下，我会因为困惑陷入空想，将工作搁置下来。	□是	□否
28.我的神经脆弱，稍有刺激就会使我战栗。	□是	□否
29.睡梦中，我常常被噩梦惊醒。	□是	□否

第30—33题，每题有5种答案，请选择与自己最切合的答案，在你选择的答案旁边的方框内打"√"。

30.工作中我愿意挑战艰巨的任务。				
□从不	□几乎不	□一半时间是	□大多数时间是	□总是
31.我常发现别人好的意愿。				
□从不	□几乎不	□一半时间是	□大多数时间是	□总是
32.我能听取不同的意见包括对自己的批评。				
□从不	□几乎不	□一半时间是	□大多数时间是	□总是
33.我时常勉励自己对未来充满希望。				
□从不	□几乎不	□一半时间是	□大多数时间是	□总是

计分标准：从不：1分；几乎不：2分；一半时间是：3分；大多数时间是：4分；总是：5分。

参考答案及计分评估：计分时请按照记分标准，先算出各部分得分，最后将几部分得分相加，得到的分值即为你的最终得分。

第1—9题，每回答一个A得6分，回答一个B得3分，回答一个C得0分，计____分。

第10—25题，每回答一个A得5分，回答一个B得2分，回答一个C得0分，计____分。

第26—29题，每回答一个"是"得0分，回答一个"否"得5分，计____分。

第30—33题，从左至右分数分别为1分、2分、3分、4分、5分，计分。总计____分。

测试题共33题，测试时间25分钟，最高（情绪智商）为174分。

● 如果你的得分在90分以下，说明你的EQ较低，常常不能控制自己，极易被自己的情绪所影响。很多时候，你容易动火、发脾气，这是非常危险的信号——你的事业可能会毁于你的急躁。对此，最好的解决办法是认真学习并掌握一些情绪管理的知识和方法。

● 如果你的得分在90—129分之间，说明你的EQ一般，对于一件事，你在不同时候的表现可能不一。这与你的意识有关。你比前者更具有EQ意识，但这种意识不是常常都有的，因此你需要多加注意。

● 如果你的得分在130—149分之间，说明你的EQ较高，你是一个快乐的人，不易恐惧、担忧，对于工作你热情投入、敢于负责，这是你的优点，应该努力保持。

● 如果你的EQ在150分以上，那你就是个EQ高手，你的情绪智商将是你事业有成的一个重要前提条件。

生涯拓展：

情绪调节的基本方法

1. 呼吸放松调节法。呼吸放松调节法是利用腹式呼吸放松自己的一种方法。首先，请你找一个合适的位置站好或坐好，身体自然放松；其次，慢慢地吸气，吸气的过程中感到腹部慢慢地鼓起，到最大限度时开始呼气，呼气的时候，感觉气流经过鼻腔呼出，直到感觉前后腹部贴到一起为止。

2. 音乐调节法。音乐调节法是指借助情绪色彩鲜明的音乐来控制情绪状态的方法。现代医学表明，音乐能调整神经系统的机能，解除肌肉紧张，消除疲劳，改善注意力，增强记忆力，消除抑郁、焦虑、紧张等不良情绪。正如德国著名哲学家康德所说："音乐是高尚、机智的娱乐，这种娱乐使人的精神帮助了人体，能够成为肉体的医疗者。"运用音乐调节法时，应该因人、因时、因地、因心情的不同而选择不同的音乐。

3. 合理宣泄调节法。合理宣泄调节就是把自己压抑的情绪向合适的对象释放出来，使情绪恢复平静。对消极情绪过分强制和压抑会引起意识障碍，影响正常的心理活动，甚至会使人突然发病。这时如向自己的亲朋好友把自己有意见的、认为不公平的事情坦率地说出来，倾诉痛苦和不幸，甚至痛哭一场，或者向远方的知己写封书信诉说苦衷，可能会使情绪平复。

4. 理智调节法。不少消极情绪往往是由于对事情的真相缺乏了解或者误解而产生的。这就需要冷静地、理智地分析一下，自己对事物的认识是否正确。当某种消极情绪产生时，会逐渐把主体的思想卷入这种情绪的旋涡中去，忧者更忧，怒者更怒，其他方面则被忽视了、排斥了。这就需要进行辩证思维，多侧面、多角度去思考问题，当发现事情的积极意义时，消极情绪就可以转化为积极情绪。

5. 暗示调节法。语言对情绪有极大的暗示和调整作用。当受消极情绪困扰时，可以通过语言的暗示作用来松弛心理上的紧张状态，使消极情绪得到缓解。比如，发怒时可反复用语言暗示自己："忍得一时之气，免得百日之忧。"牢骚勃发时，可用诗句"牢骚太盛防肠断，风物长宜放眼量"来暗示自己。

6. 升华。把已经产生的消极情绪，如痛苦、怨愤、嫉妒转化为积极有益的行动，即以高境界表现出来，谓之升华，也就是人们常说的"化悲痛为力量"。不少人身处逆境，但乐观进取，取得了出众的成绩，为世人传颂，这是升华的典型。升华是调节消极情绪的最高也是最佳的一种形式。

快速训练

请选择一两种适合自己的情绪调节方式，针对某次的不良情绪进行调节，并记录下调整的过程。

事件	不良情绪	情绪调节方法	调整结果

第三节 兴趣探索

兴趣是最好的老师。——爱因斯坦
成功的秘诀在于兴趣。——杨振宁
没有兴趣就没有学习。——顾明远

生涯认知

所谓兴趣,是人们力求认识、掌握某种事物,并经常参与该种活动的心理倾向,或者说,兴趣是人们积极探究某种事物的认识倾向。兴趣是以认识和探索外界事物的需要为基础的,是推动人们认识事物、探索真理的重要动机,和人们内心的驱动紧密相连。兴趣不仅指对某种活动单纯的喜欢或向往,更是让人们愿意花大量的时间和精力投入其中,并有美好体验的事情。

人生最幸福的事就是把时间花费在对你最有意义的事情上面,做你所爱的,爱你所做的。兴趣的产生和发展有三个层次:有趣(短暂易逝,非常不稳定,常常与某一事物的新奇感相联系,随着这种新奇感的消失,兴趣也会自然地失去)——乐趣(在有趣定向发展的基础上形成,在这一阶段中,你的兴趣会变得专一、深入起来)——志趣(志趣与社会责任感、理想、奋斗目标紧密结合,具有社会性、自觉性和方向性,是取得成就的根本动力,是成功的重要保证)。

兴趣与生涯发展联系密切。生涯专家发现,兴趣在职业生涯发展与人生幸福感方面具有举足轻重的作用。兴趣的价值主要体现在下面四点:

一是兴趣能促进人的潜能发挥。从事自己感兴趣的职业时,可以将80%以上的潜能激发出来,让人能积极地感知、观察事物,并保持持久的注意力;可以成为学习活动的自觉动力,促使人们去进行积极的思考和大胆的探索活动,具有创造性、主动性，而且不易疲劳，效率高；可以调整人的情绪强度，产生肯定的、积极的情感体验，去克服事业发展中的一切困难；还可以促进想象、记忆、操作等其他智力结构的共同发展。

二是兴趣能提高工作效率。兴趣可以全面调动人的全部精力去集中关注一项特定的工作任务；可以让人暂时忘掉疲劳，保持连续高效的工作干劲；可以让人应付多变的工作环境及角色的变化，克服因工作及角色转换产生的不适，并形成新的适应。

三是兴趣与投入是人生幸福感的来源。克莱蒙研究大学心理学教授米哈里·契克森米哈发现：当人们在专心致志、积极地从事某种活动，忘记了时空和自己的时候，他们感到最愉快和满足。当进入"聚精会神""忘我"的状态时，就会不计回报，忘情投入，享受快乐，不断战胜体力与智力的挑战。

四是培养有益兴趣可以提高人生品位。我们要积极投身对生涯发展有益的兴趣，努力把这些兴趣发展为志趣；对于那些浪费时间、透支精力的纯粹娱乐，甚至是有害于身心健康的"兴趣"，我们应学会控制和终止。

对兴趣的探索通常可借助霍兰德兴趣测试量表。

生涯探索

之一：依据兴趣类型初选适配职业

6种典型的生涯兴趣类型

类型	职业兴趣特点	适配职业
R实用型	情绪稳定，有耐性，坦诚、直率，多行动而不喜多言，愿意在讲求实际、需要动手的环境中从事明确、固定的工作，依照既定的规则，一步一步地制造完成有实际用途的物品。对同机械与工具等相关的事情较有兴趣，生活上也以实用为重，眼前的事重于对未来的想象，比较愿意独自做事。	机械、电子、土木建筑、农业等相关职业。
I研究型	善于观察、思考、分析与推理，愿意用头脑按照自己的步调来解决问题，并追根究底。不愿意别人给自己指引，工作时也不愿意有很多规矩和时间压力。做事时，能提出新的想法和策略，但对实际解决问题的细节无兴趣。不太在乎别人的看法，愿意和有相同兴趣或专业的人讨论，否则还不如自己看书或思考，愿意与事物打交道。	生物、化学、医药、数学、天文等相关职业。

（续表）

类型	职业兴趣特点	适配职业
A艺术型	直觉敏锐、善于表达和创新。希望借文字、声音、色彩或形式来表达创造力和美的感受。愿意独立作业，但不要被忽略，在无拘无束的环境下工作效率最高。生活的目的就是创造不平凡的事物，不愿意管人和被人管。和朋友的关系比较随性。	音乐、写作、戏剧、绘画、设计、舞蹈等相关职业。
S社会型	对人和善，容易相处，关心自己和别人的感受，愿意倾听和了解别人，也愿意付出时间和精力去解决别人的冲突；愿意教导别人，并帮助他人成长；不爱竞争，愿意大家一起做事，为团体尽力。交友广泛，关心别人胜过关心工作。	教师、辅导、社会工作、医护等相关职业。
E企业型	精力旺盛、生活紧凑、好冒险竞争，做事有计划并立刻行动。不愿花太多时间仔细研究，希望拥有权利去改善不合理的事。善用说服力和组织能力，希望自己的表现被他人肯定，并成为团体的焦点人物。不以现阶段的成就为满足，也要求别人跟自己一样努力。	管理、销售、司法、从政等相关职业。
C事务型	个性谨慎，做事讲求规矩和精确。愿意在有清楚规范的环境下工作。做事按部就班、精打细算，给人的感觉是有效率、精确、仔细、可靠而有信用。生活哲学是稳扎稳打，不愿意改变或创新，也不愿意冒险或领导别人。会选择和自己志趣相投的人成为好朋友。	银行、金融、会计、秘书等相关职业。

根据我的兴趣，我适合的职业类型有：_____

之二：学科兴趣测试

指导语：以下测试可以让我们了解自己的学科兴趣所在，本测试共有108道题，每道题都有5个备选答案，请根据自己的实际情况，在题目后面圈出相应字母，每题只能选择一个答案。

A——很符合自己的情况；

B——比较符合自己的情况；

C——很难说；

D——较不符合自己的情况；

E——很不符合自己的情况。

题目	选项				
1.熟知地球各大洲的地理概况。	A	B	C	D	E
2.经常查阅外文辞典。	A	B	C	D	E
3.特别爱看历史题材的电影和戏剧。	A	B	C	D	E
4.爱与数目文字打交道。	A	B	C	D	E
5.喜欢关心经济与政治的关系。	A	B	C	D	E
6.喜欢看世界名画、挂历。	A	B	C	D	E
7.喜欢收集好的录音带或唱片。	A	B	C	D	E
8.能自觉地写日记。	A	B	C	D	E
9.羡慕用动物做实验的生物学家们。	A	B	C	D	E
10.阅读介绍牛顿、法拉第物理学家的文章、书籍。	A	B	C	D	E
11.熟悉国际体育比赛的成绩纪录。	A	B	C	D	E
12.设法在家里搞些化学小实验。	A	B	C	D	E
13.阅读有关著名地球学家生活与活动的文章。	A	B	C	D	E
14.注意看外文广告和说明书。	A	B	C	D	E
15.如果组织外文兴趣小组，一定积极报名。	A	B	C	D	E
16.阅读趣味数学的书籍。	A	B	C	D	E
17.关心社会时事新闻。	A	B	C	D	E
18.了解好几种美术流派的特点。	A	B	C	D	E
19.会演奏乐器。	A	B	C	D	E
20.对世界文学名著爱不释手。	A	B	C	D	E
21.经常观察动植物的生长变化。	A	B	C	D	E
22.关心物理方面的新发现。	A	B	C	D	E
23.对深夜的体育比赛实况转播也不愿放过。	A	B	C	D	E
24.一上化学实验课就特别高兴。	A	B	C	D	E
25.阅读有关世界各国的文化、经济、制度方面的书籍。	A	B	C	D	E
26.喜欢收集一些外国的纪念品。	A	B	C	D	E
27.常用历史上发生过的事情与现实做对照。	A	B	C	D	E
28.很佩服那些数学上有造诣的人。	A	B	C	D	E

（续表）

题目	选项				
29.阅读政治性的理论读物。	A	B	C	D	E
30.知道不少世界著名画家的名字、作品和生平。	A	B	C	D	E
31.很喜欢随音乐打节拍。	A	B	C	D	E
32.喜欢查阅字典、辞典和文学资料索引。	A	B	C	D	E
33.读有关著名生物学家生平的书籍。	A	B	C	D	E
34.认为物理学对推动科学技术发展具有重要作用。	A	B	C	D	E
35.喜欢参加某些项目的体育活动和竞赛。	A	B	C	D	E
36.常把化学知识用到日常生活中。	A	B	C	D	E
37.对大自然和自己故乡的地理环境很感兴趣。	A	B	C	D	E
38.读初级外文小说。	A	B	C	D	E
39.爱收听广播中的历史故事。	A	B	C	D	E
40.爱做数学图形、图表。	A	B	C	D	E
41.愿与别人的不同价值观进行讨论。	A	B	C	D	E
42.自己画的图画常得到老师或他人的赞扬。	A	B	C	D	E
43.能熟练地阅读乐谱。	A	B	C	D	E
44.会纠正别人讲话中的不正确语音和错别字。	A	B	C	D	E
45.熟悉若干动、植物的生活、生长习性和特点。	A	B	C	D	E
46.喜欢用力学知识去解释生活中的实际问题。	A	B	C	D	E
47.希望能得到体育教师或教练的专门指导。	A	B	C	D	E
48.想知道化学学科的发展史和发展趋势。	A	B	C	D	E
49.读地质勘探方面的作品或科普读物。	A	B	C	D	E
50.常购买外语课外读物。	A	B	C	D	E
51.能正确说出重大历史事件发生的时间。	A	B	C	D	E
52.当一项任务要用到数学知识，马上就会产生兴趣。	A	B	C	D	E
53.对社会发生的事件会收起自己的深思，和见解。	A	B	C	D	E
54.常在手边的本子上随手画漫画或其他小图案。	A	B	C	D	E
55.有十分喜爱的歌曲和乐曲。	A	B	C	D	E

(续表)

题目	选项				
56.尝试着写一些故事或诗歌。	A	B	C	D	E
57.爱做一些解剖生物的小实验。	A	B	C	D	E
58.很重视物理实验课。	A	B	C	D	E
59.熟悉我国的著名运动员的名字和专长。	A	B	C	D	E
60.认为从事化学分析工作很有意思。	A	B	C	D	E
61.在旅行中对地形地貌很感兴趣。	A	B	C	D	E
62.爱看外国原版影片，认为对提高外语水平有帮助。	A	B	C	D	E
63.浏览名胜古迹时，常仔细研究碑文、古诗流连忘返。	A	B	C	D	E
64.曾是或很想成为数学兴趣小组的成员。	A	B	C	D	E
65.爱看有关各国政治的评论文章。	A	B	C	D	E
66.爱看美术展览。	A	B	C	D	E
67.会调乐器的单调。	A	B	C	D	E
68.能正确地分析同义词和反义词。	A	B	C	D	E
69.喜欢采集一些昆虫和植物标本。	A	B	C	D	E
70.很愿意参加物理知识竞赛。	A	B	C	D	E
71.重视日常的体育锻炼。	A	B	C	D	E
72.遇到化学难题，哪怕花很长时间也要把它解出来。	A	B	C	D	E
73.能正确地说明地球的经纬度对时差的影响。	A	B	C	D	E
74.常收听外语广播讲座。	A	B	C	D	E
75.关心世界各国的历史。	A	B	C	D	E
76.爱解答复杂的数学题。	A	B	C	D	E
77.对哲学问题感兴趣。					
78.爱画墙报和黑板报的插图和刊头。	A	B	C	D	E
79.熟悉不少著名歌唱家的演唱风格。	A	B	C	D	E
80.阅读诗集。	A	B	C	D	E
81.曾参加或想参加生物兴趣小组。	A	B	C	D	E
82.如果组织物理兴趣小组，一定会积极报名。	A	B	C	D	E

（续表）

题目	选项				
83.爱穿运动衫裤。	A	B	C	D	E
84.听说一个问题与化学知识有关，会立刻增添兴趣。	A	B	C	D	E
85.熟知不少国家的地理位置。	A	B	C	D	E
86.愿结识几位能用外语会话的朋友，相互学习。	A	B	C	D	E
87.喜爱参观历史博物馆。	A	B	C	D	E
88.运算速度比别人快。	A	B	C	D	E
89.在讲话中常用到若干政治术语。	A	B	C	D	E
90.注意别人的画图技巧、技法。	A	B	C	D	E
91.积极参加文艺演出活动。	A	B	C	D	E
92.对词语和成语感兴趣。	A	B	C	D	E
93.主动关心并支持生态保护。	A	B	C	D	E
94.爱安装和修理收音机、电视机等电器。	A	B	C	D	E
95.对自己的强健体魄感到自豪。	A	B	C	D	E
96.如组织化学知识竞赛，将积极报名参加。	A	B	C	D	E
97.若有外出考察活动，如地理考察等，将积极参与。	A	B	C	D	E
98.重视自己所学外语的语音和语调。	A	B	C	D	E
99.爱阅读历史方面的书籍。	A	B	C	D	E
100.很愿意参加各种数学竞赛。	A	B	C	D	E
101.积极参与社会和集体的活动。	A	B	C	D	E
102.郊游或旅游时会画写生画。	A	B	C	D	E
103.注意收看电视，收听广播中的音乐节目。	A	B	C	D	E
104.爱看有关文艺的评论文章。	A	B	C	D	E
105.喜爱饲养小动物和栽培植物。	A	B	C	D	E
106.在日常生活中，注意联系物理学知识。	A	B	C	D	E
107.经常看报纸上体育专栏。	A	B	C	D	E
108.关心化学方面的新成就。	A	B	C	D	E

计分与评价：请根据下面的学科与题号对应表，统计你所圈各个字母的次数，圈一个A得5分、B得4分、C得3分、D得2分、E得1分。

学科与题号对应表

学科	地理	外语	历史	数学	政治	美术	音乐	语文	生物	物理	体育	化学
题号	1	2	3	4	5	6	7	8	9	10	11	12
	13	14	15	16	17	18	19	20	21	22	23	24
	25	26	27	28	29	30	31	32	33	34	35	36
	37	38	39	40	41	42	43	44	45	46	47	48
	49	50	51	52	53	54	55	56	57	58	59	60
	61	62	63	64	65	66	67	68	69	70	71	72
	73	74	75	76	77	78	79	80	81	82	83	84
	85	86	87	88	89	90	91	92	93	94	95	96
	97	98	99	100	101	102	103	104	105	106	107	108

我的学科兴趣分析（根据测试列出感兴趣的学科及理由）

我的学科优势分析（根据成绩优势，列出优势学科）

通过上述表格测试就能得到各个学科的得分，然后从学科兴趣的得分评价表上了解自己对各学科感兴趣的程度。把各学科的得分相互比较，就能找出自己最感兴趣和最不感兴趣的学科，并可以据此排出学科兴趣的次序评价表。

如果自己对大多数学科都属于较感兴趣和很感兴趣的话，则表明你热爱学习，把学习看成一种乐趣。如果各学科的得分相差悬殊，则表明你的学科兴趣倾向性很明显。如果自己对大多数学科都属于兴趣一般或不感兴趣的话，则表明你缺乏学习热情，应该检查自己的学习态度。

学科兴趣是在学习、生活中逐渐形成的，若自测结果与自认为喜爱的学科并不一致，这是因为自测题是从被测者比较稳定的兴趣趋向出发的，而自认为喜爱的学科又很容易受教育和个人能力的影响。所以，想要确切地认识自己对各学科的状况，最好把自测结果与自己平时的感觉综合起来做判断。清楚认识自己的学科兴趣，有助于确定今后的学习目标。

（学业兴趣测试表选自浙江龙湾中学生涯规划指导手册《我的青春我做主》）

之三：职业兴趣调查

职业兴趣调查问卷

用户编号：	姓名：
出生日期：	性别：
文化程度：	身体状况：

规划让生命更精彩

指导语：下面共有23组115种活动。请你仔细阅读每一种活动，选择出你希望从事的工作或者你喜欢的项目（包括你只喜欢这个活动的一部分的项目）。请尽快作答，不要花费太多时间去思考任何一种工作（下面的题目为多选题）。

题号	活动	选择
第1题	1.在画布上素描，画人像、风景、静物或人体。	
	2.创造、设计和绘制海报、看板、图片、图表；为广告、书籍和杂志画插图。	
	3.用木头、黏土、石膏或石头制模或在上面雕刻不同的物体。	
	4.设计房间；设计家具、壁饰。	
	5.设计新型服装款式和绘制缩尺比例的形态。	
第2题	1.演奏各种乐器。	
	2.演唱歌曲。	
	3.创作、谱写乐曲或交响曲。	
	4.指挥交响乐团演奏。	
	5.研究音乐理论和音乐技巧。	
第3题	1.从事散文、戏剧、短篇小说、诗歌和书籍的写作。	
	2.语言翻译工作。	
	3.为报章杂志报道新闻。	
	4.编辑出版报纸、期刊或书籍。	
	5.为历史刊物做文献研究。	
第4题	1.演出戏剧。	
	2.播报广播节目。	
	3.做娱乐性质的舞蹈。	
	4.以踢足球、打棒球或其他运动维生。	
	5.以变戏法、魔术、默剧演出来娱乐大众。	
第5题	1.发展宣传策略。	
	2.将会计、统计、合同、资产、市场分析及心理学的原理应用在生意问题上。	

(续表)

题号	活动	选择
第5题	3.草拟法律文件，如契约、合股、契据和遗嘱赠予等。	
	4.处理诉讼案件。	
	5.建立发展销售方法。	
第6题	1.用乘法、除法、平方和开平方根等方法计算数学问题。	
	2.誊一长串的数字，再检查是否正确。	
	3.找出数学问题中答案的错误。	
	4.做加法、减法。	
	5.进行分数和小数的运算。	
第7题	1.做生意记录，譬如售货单、收据、账单、出席记录、购买物品的数量和已完成的工作量。	
	2.信件和报告的打字工作。	
	3.以速记机或手速写记下命令、指示。	
	4.誊抄报表、文件等，保管档案、文件。	
	5.组织、打印会议所需的文件、资料等。	
第8题	1.成为售货员，售票、查票、处理金钱或找换零钱。	
	2.接听电话。	
	3.提供信息，如街道方向或商店内物品的陈列处。	
	4.准备可能的顾客名单并且和他们联系以便推销。	
	5.试图吸引可能的买主，如展示样品或者陈列目录。	
第9题	1.当老师。	
	2.和个人或学校面谈，并协助他们解决个人或经济上的问题。	
	3.访问并提供个人有关教育、工作和社交问题的建议。	
	4.研究社会经济情况以帮助个人或群体解决一般福利的问题。	
	5.执行有关火警、犯罪预防、交通、卫生和移民的法律。	
第10题	1.计划平衡饮食（计划菜单或一餐）。	
	2.混合食物以得到新口味。	
	3.不畏麻烦使食物看起来更有吸引力。	

(续表)

题号	活动	选择
第10题	4.学习食物调味的正确方法。	
	5.在杂货店选择新鲜和高品质的肉类、蔬菜。	
第11题	1.和小孩玩游戏。	
	2.为小孩讲故事。	
	3.照顾小孩使他们保持整齐、清洁。	
	4.照顾生病的小孩。	
	5.帮助小孩穿衣和脱衣。	
第12题	1.施行急救治疗。	
	2.摆置餐具,提供食物和饮料服务。	
	3.在餐厅表现犹如女主人或是服务生领班。	
	4.伺候别人并照料衣物。	
	5.陪他人聊天,购物。	
第13题	1.研究最适合动、植物生长的土壤、湿度和气候条件。	
	2.犁锄、播种、栽培或收割谷物。	
	3.试验各种方法以发现最好的栽培植物的方法。	
	4.饲养和照料牲畜,如牛、羊、猪和鸡。	
	5.观察动、植物的生长过程。	
第14题	1.以网、鱼钩、鱼叉、矛和枪来捕鱼。	
	2.清洗鱼。	
	3.用指南针和六分仪来掌舵和标示位置。	
	4.在船上站立凝望、留神岩石、灯塔、浮标或其他船只。	
	5.观察鱼类的活动来确定它们的习性和对食物的需求。	
第15题	1.以陷阱来捕捉动物。	
	2.作捕猎小组的导游。	
	3.用斧头或锯子砍下或锯开树干,并修剪小树枝。	
	4.搬动或堆积原木,用铁链装上或卸下原木。	
	5.看管森林,预防火灾或树木的病虫害。	

（续表）

题号	活动	选择
第16题	1.设计机器和机电设备。	
	2.建造房屋或桥梁的发展和执行计划。	
	3.使用画图工具准备建筑物或机器的详细计划和绘图。	
	4.在化学、物理或生物的实验室里做研究。	
	5.画地图。	
第17题	1.把机器分解，如脚踏车、机器引擎、打气筒、打字机或枪支，然后再把它们组合起来。	
	2.检查机器设备中耗损、破坏的部分，看有什么需要修理的。	
	3.依照复杂的指示图把机器的零件组合起来。	
	4.开启动力机，检查其运转是否良好。	
	5.为机器上油。	
第18题	1.修理电炉、冰箱、吸尘器、电扇和引擎。	
	2.研习电的理论，如直流电、交流电、电压、电流、电阻等。	
	3.会电线线路的连接、安装、焊接、绝缘等。	
	4.组合并测试收音机。	
	5.换保险丝、修理熨斗、接电灯线、修理电灯插头和短路。	
第19题	1.在鹰架上工作，攀登建筑物，以锤子、螺钉或其他焊接工具组合大块的东西。	
	2.爱使用油漆、爱涂灰泥、油灰或贴壁纸。	
	3.用锯子、垂线、尺和圆规等工具来工作。	
	4.扭弯、上螺丝钉和修理水管、修理漏水的水龙头。	
	5.做木工、水管工、铺地或者是屋顶装饰。	
第20题	1.组合或修理器具，如手表、锁、照相机、钢笔或望远镜。	
	2.根据物品的品质、大小、颜色或重量来进行检查、测试及分类。	
	3.切割塑胶、玻璃或石头，来做成珠宝或类似的小饰物。	
	4.剪裁、缝制、修改布料、皮毛类做成的衣服、鞋子或其他东西。	
	5.揉制、切分面团以做成面包、蛋饼、点心。	

（续表）

题号	活动	选择
第21题	1.操作车床、印刷机和其他机器设备。	
	2.计算并决定小型金属或木头零件的角度、曲线和形状。	
	3.推动杠杆开关或转动轮盘，来启动、停止、减速或加速机器。	
	4.操作重机器来搬动沙土或岩石。	
	5.以金属制造零件或工具。	
第22题	1.自由写作或在木头、金属、画布或胶卷上绘画、素描。	
	2.为报章、书籍绘图做记录或拍摄图片，影片。	
	3.用手工或机器为印刷设定模型，或者为大小、形状和空格制模或校对。	
	4.用软性炭笔复制地图、图表、海报和绘画。	
	5.用金属、石块或玻璃设计、切割字模。	
第23题	1.观测配方、时间、温度和压力方向。	
	2.处理或倾倒热金属、镀金。	
	3.操作熔炉、汽锅、烤箱或其他设备。	
	4.研磨、混合或分隔化学药物。	
	5.量秤、混合和烹煮食物以制作罐头。	

之四：生涯兴趣类型分析

这里列出了一些有关生涯兴趣类型的描述。想想看他们和你对自己的看法是否符合？请将所有符合你的描述圈选出来。

R1与动物有关的工作	R2善用双手
R3与机器有关的工作	R4用机械的处理方式
R5建造或修理东西	R6良好的身体协调
R7以行动解决问题	R8准备在任何条件下工作
I1好奇	I2要求理性
I3思考清晰	I4喜欢数学和科学

（续表）

I5以思考解决问题	I6喜欢数学和科学
I7独立	I8不依惯例
A1良好的观察力	A2敏感
A3良好的自我表达能力	A4有天赋
A5喜欢处理事情的新方法	A6喜欢美术/音乐/戏剧/写作
A7有想象力和创造力	A8喜欢变化
E1喜欢说服和影响别人	E2可能有抱负
E3外向	E4组织能力好
E5喜欢有计划工作	E6有天赋
E7热忱	E8精力充沛
S1喜欢与人有关的工作	S2支援他人
S3热心	S4靠情感解决问题
S5责任感	S6不怕情绪的问题
S7理解力	S8喜欢成为团队的一分子
C1喜欢与电脑有关的工作	C2喜欢例行公事
C3依循程序来解决问题	C4可信赖
C5生意眼光	C6准确
C7注意细节	C8喜欢清楚的方向

将每一类型的圈选数目记在下面的表格中。

现实型（R）的数目	
研究型（I）的数目	
艺术型（A）的数目	
企业型（E）的数目	
社会型（S）的数目	
事务型（C）的数目	

（生涯兴趣类型分析表选自华东师范大学出版社出版的《为自己的青春做主》）

生涯拓展

我国学者根据《加拿大职业分类词典》，对人们的兴趣和职业的关系做了如下分类：

1. 喜欢与事物打交道：这类人愿意同事物打交道，而不愿意与人打交道，相对应的职业是制图、勘测、工程技术、建筑、机器制造、出纳、会计等。

2. 喜欢与人接触：这类人愿意与人交往，对销售、采访、传递信息一类的活动感兴趣。相对应的职业如记者、推销员、服务员、教师、行政管理人员、外交联络人员等。

3. 喜欢干有规律的工作：这类人愿意进行常规的、有规则的活动，习惯于在预先安排好的程序下工作。相对应职业如邮件分类、图书管理、档案管理、办公室工作、打字、统计等。

4. 喜欢从事社会福利和助人工作：这类人乐意帮助人，他们试图改善他人的状况，帮助他人排忧解难。相对应的职业如律师、咨询人员、科技推广人员、医生、护士等。

5. 喜欢做领导和组织工作：这类人愿意管理一些事情，希望受到众人尊敬和获得声望，他们在企事业单位中起着重要作用。相对应的职业是各级各类组织的领导管理者，如行政人员、企业管理干部、学校领导和辅导员等。

6. 喜欢研究人的行为：这类人对人的行为举止和心理状态感兴趣，愿意谈论人的问题。相对应的职业大都是研究人、管理人的工作，如从事与心理学、政治学、人类学、人事管理、思想政治教育等相关的、研究人的工作以及与教育、行为管理相关的工作。

7. 喜欢从事科学技术事业：这类人与分析、推理、测试相关的活动感兴趣，擅长理论分析，愿意独立解决问题，也愿意通过实验获得新发现。相对应的职业如与生物、化学、工程学、物理学、地质学等相关的工作。

8. 喜欢做抽象的、具有创造性的工作：这类人对需要想象力和创造力的工作感兴趣，大都愿意独立地工作，对自己的学识和才能颇为自信，乐于解决抽象的问题，而且急于了解周围的世界。相对应的职业大多是科学研究工作和实验室工作。

9. 喜欢做操作机器的技术工作：这类人对运用一定技术、操作各种机械、制造新产品或完成其他任务感兴趣，他们愿意使用工具，特别是愿意使用大型的、马力强的、先进的机器。相对应的职业如飞行员、驾驶员以及与机械制造、建筑、石油、煤炭开采等内容相关的职业。

10. 喜欢做具体的工作：这类人希望能很快看到自己的劳动成果，愿意从事制作能看得见、摸得着的产品的工作，并能从完成的产品中得到满足。相对应的职业如室内装饰、园林、美容美化、手工制作、机械维修、厨师等。

第四节　能力探索

> 知人者智，自知者明。胜人者有力，自胜者强。——老子

生涯认知

能力是顺利完成某种活动所必备的、直接影响活动效率的心理特征或心理条件的总和。任何一种活动都要求参与者具备一定的能力，而且能力直接影响活动的效率。例如，从事外交工作，要具有灵活而敏捷的思维、较好的语言表达、较强的记忆等能力；从事管理工作，要具备一定的组织、交际、宣传说服等能力。只有在能力上足以胜任，才能取得良好的工作绩效。

潜能是指个人在未来有机会学习或者接受训练时可能达到的程度。

技能是实际用于解决问题的能力。《心理学大辞典》把技能定义为"个体运用已有的知识经验，通过练习而形成的智力活动方式和肢体的动作方式的复杂系统"，如阅读、人际交往、语言表达等。

生涯探索

之一：我的能力特长

我的优势能力分析

我拥有的特长

我擅长的职业领域

我的能力培养计划

北京师范大学附属实验中学能力清单

序号	能力名称	含义
1	测评	测量熟练度、质量或有效性。
2	持续记录	测量熟练度、质量或有效性通过日志、流水账、比较或表格的方式保持信息的更新。
3	处理数字	使用计算、演算、组织等方法解决数字、数量相关问题。
4	创意	通过思考、构想、遐想和头脑风暴的方法产生新的想法。
5	调停	管理冲突、和平分解。
6	督导	对他人的工作进行监督或指导。
7	多任务管理	协调多个并发任务,使之有效地被执行。
8	发明	产生新观点,或整合现有观点获得新成果。
9	分析	用合乎逻辑的方式分解和解决问题。
10	概念化	构思并酝酿出新的概念和思想。
11	公关	保持个人或团队间的联系。
12	估价	对价值或成本进行评定。
13	观察	按科学的方式研究、细察、检测数据、人或事。
14	归类	对人、事或资料进行分组、归类或组织。

（续表）

序号	能力名称	含义
15	归纳总结	整合概念和信息，使不同的元素形成系统的整体。
16	绘画	素描、绘制插图和油画、拍摄照片等。
17	机械使用	装配、调试、修理发动机或其他机械。
18	激励	使他人充满动力、积极投入，做出最佳表现。
19	计划、组织	确定项目目标、制订计划并推进。
20	计算机技能	利用软件，如Microsoft Office等推进、完成任务项目。
21	监控	追踪和控制人或事的发展趋势。
22	教导、培训	对学生、员工或顾客进行说明、解释和指导。
23	决策	对重要、复杂的事件做决策。
24	客户服务	有效解决顾客提出的问题，应对顾客挑衅，最终使顾客满意。
25	临场发挥	在无准备的情况下有效地思考、演说或行动。
26	评价	对可行性或质量进行测评、评估和鉴定。
27	情绪处理	善于处理自己的情绪，如用倾听的方式；同时善于倾听、接纳别人；可以控制愤怒，保持冷静，有适时的幽默感。
28	设计	对程序、产品或环境进行构建于创新。
29	时间管理	确定任务的优先顺序，做好安排，保证任务的及时完成。
30	事务管理	协调事件，做好后勤安排。
31	适应变化	轻松且快速地适应工作任务与环境的变化。
32	授权	通过将任务分配给其他人的方式来有效工作。
33	书面信息获取	从书面资料研究中获取信息。
34	谈判	为权利或利益讨价还价。
35	团队合作	善于与他人合作完成工作。
36	推进	善于加速生产或服务，解决纷争使流程顺畅。
37	想象	容易想象出事务的各种可能性。
38	销售	使客户确信个人、公司、产品或服务的价值，增加销售金额。
39	校对、编辑	查书面材料中的词汇使用和体裁是否正确。
40	写作	撰写报告、信件、文章、广告、故事或教育资料。

（续表）

序号	能力名称	含义
41	引导变革	善于施加影响改变现状，并运用决断力或领导力引导新的方向。
42	应对模糊情景	善于应对模糊情景，能自如、有效地应对缺乏清晰性、结构性和确定性的问题。
43	娱乐、表演	善于为他人进行演唱、舞蹈、演奏等表演，或在大众面前阐述观点和演讲。
44	预算	能更经济、有效地使用金钱或其他资源。
45	在线收集信息	通过搜索引擎或互联网收集、组织信息或数据。
46	执行	根据制度或计划安排行动。
47	直觉	运用洞察和远见能力。
48	指导	为新手提供教导、训练或咨询。
49	制订战略	为成功达到目标制订有效的计划或长期战略。
50	质询	能在交流中通过提问捕获关心的主题。
51	咨询	通过指导、建议或训练他人，促进其个人成长。

之二：识别技能优势

识别优势技能的过程分三个步骤：

1. 请在下面的三张表中选出你能做的事项。
2. 在选中的项目中识别出哪些是你做得最好的。
3. 找到哪些技能是你使用得最愉快的。

确定自己的优势技能：＿＿＿＿＿＿＿＿＿＿＿＿＿＿＿＿

物品使用技能表

肢体用技能	材料使用技能	物品使用技能	设备、机械、车辆使用技能	楼宇、房屋建设技能	动、植物培育技能
动手能力（打手势、按摩）	加工、缝制、纺织、锻造	清洗、清洁、清理、筹备	组装	建设、重建	花草养护
手指灵巧	切、雕、凿	处理、举起、存放	操作、控制、启动	仿建	饲养、训练动物

（续表）

肢体用技能	材料使用技能	物品使用技能	设备、机械、车辆使用技能	楼宇、房屋建设技能	动、植物培育技能
手眼配合	精加工、塑造、塑形、雕塑	制作、生产、烹饪	维护、清理、修理		照料喂养
全身运动或身体协调能力	制成、喷绘翻新、修复	维护、保养、修理	拆解、组装		
灵敏、速度、力量、耐力	高精度手工制作	熟练使用工具			

信息使用技能表

收集与创造	管理		存储与检索	应用
	分步骤进行	整体统筹		
编辑、查找、研究	复制或比较、相似性与差异性	改变、转化（如计算机、编辑、开发与改进）	保存记录（如录像、影片、录入电脑）	人际交往能力
通过走访或观察人收集信息	计算、数字运算、算账	视像化、描绘、绘画、编剧、制作视频、开发软件	存储、归档（文件柜、视频、音频、电脑）	物品使用技能
通过研究或观察事物收集信息	分析、分解	合成、将不同部分合为一体	信息、数据检索	
具有敏锐的听觉、嗅觉、味觉与视觉	组织、分类、系统化、划分优先次序	解决问题、洞察本质	帮助他人查询或检索信息	
想象力丰富，善于发明创造	为达成目标，制订策略、步骤	决策、评估、估价、评价	灵敏、速度、力量、耐力	

人际交往技能表

与个人（一对一）		与群体、组织、大众（一对多）		
听取指导，为他人提供服务、协助	诊断、治疗、治愈	有效地与群体沟通	玩游戏、组织群体活动	管理、监督、经营
对话与电话沟通	关联，将两个不同的人关联起来	口语表达、书面表达	传授知识、培训，策划学习活动	坚持到底、使命必达、创造力
书面沟通（报告、电邮等）	评测、评估、筛查、挑选	电视、电影、当众演讲	引导集体讨论、调节气氛	领导者、开拓者
私人教练、家教	劝说、激励、招募、兜售	表演性、娱乐性、创新性	说服、辩论、激励、兜售	发起、建立、创建
咨询、辅导指导、教授	代表他人，解读他人思想或翻译	哑剧、歌唱、乐器演奏	为群体提供专业咨询	中间协调、解决冲突

生涯拓展

中国学生发展核心素养，以科学性、时代性和民族性为基本原则，以培养"全面发展的人"为核心，分为文化基础、自主发展、社会参与三个方面，表现为人文底蕴、科学精神、学会学习、健康生活、责任担当、实践创新六大素养，具体细化为国家认同等十八个基本要点，涵盖了学生适应终身发展和社会发展所需的品格和能力。

中国学生发展核心素养

核心素养基本内涵

（一）文化基础

文化是人存在的根和魂。文化基础，重在强调能习得人文、科学等各领域的知识和技能，掌握和运用人类优秀智慧成果，涵养内在精神，追求真善美的统一，发展成为有宽厚文化基础、有更高精神追求的人。

1. 人文底蕴。主要是指学生在学习、理解、运用人文领域知识和技能等方面所形成的基本能力、情感态度和价值取向。具体包括人文积淀、人文情怀和审美情趣等基本要点。

2. 科学精神。主要是指学生在学习、理解、运用科学知识和技能等方面所形成的价值标准、思维方式和行为表现。具体包括理性思维、批判质疑、勇于探究等基本要点。

（二）自主发展

自主性是人作为主体的根本属性。自主发展，重在强调能有效管理自己的学习和生活，认识和发现自我价值，发掘自身潜力，有效应对复杂多变的环境，成就出彩人生，发展成为有明确人生方向、有生活品质的人。

1. 学会学习。主要是指学生在学习意识形成、学习方式方法选择、学习进程评估调控等方面的综合表现。具体包括乐学善学、勤于反思、具有信息意识等基本要点。

2. 健康生活。主要是指学生在认识自我、发展身心、规划人生等方面的综合表现。具体包括珍爱生命、健全人格、自我管理等基本要点。

（三）社会参与

社会性是人的本质属性。社会参与，重在强调能处理好自我与社会的关系，养成现代公民所必须遵守和履行的道德准则和行为规范，增强社会责任感，提升创新精神和实践能力，促进个人价值实现，推动社会发展进步，发展成一名有理想信念、敢于担当的人。

1. 责任担当。主要是指学生在处理与社会、国家、国际等关系方面所形成的情感态度、价值取向和行为方式。具体包括社会责任、国家认同、国际理解等基本要点。

2. 实践创新。主要是指学生在日常活动、问题解决、适应挑战等方面所形成的实践能力、创新意识和行为表现。具体包括劳动意识、问题解决、技术应用等基本要点。

学科素养对照表

学科	核心素养
语文（4）	语言建构与运用
	思维发展与提升
	审美鉴赏与创造
	文化传承与理解
数学（6）	数学抽象
	逻辑推理
	数学建模
	直观想象
	数学运算
	数据分析
英语（4）	语言能力
	文化意识
	思维品质
	学习能力
政治（4）	政治认同
	理性精神
	法治意识
	公共参与
历史（5）	唯物史观
	时空观念
	史料实证
	历史解释
	家国情怀
地理（4）	人地协调观
	综合思维
	区域认知
	地理实践力

(续表)

学科	核心素养
音乐（3）	审美感知
	艺术表现
	文化理解
美术（5）	图像识读
	美术表现
	审美判断
	创意实践
	文化理解
通用技术（5）	技术意识
	工程思维
	创新设计
	图样表达
	物化能力
物理（4）	物理观念
	科学思维
	科学探究
	科学态度与责任
化学（5）	宏观辨识与微观探析
	变化观念与平衡思想
	证据推理与模型认知
	科学探究与创新意识
	科学精神与社会责任
生物（4）	生命观念
	科学思维
	科学探究
	社会责任

（续表）

学科	核心素养
艺术（4）	文化理解
	艺术感知
	创意表达
	审美情趣
体育与健康（3）	运动能力
	健康行为
	体育品德
信息技术（4）	信息意识
	计算思维
	数字化学习与创新
	信息社会责任

第五节　理想探索

理想是石，敲出星星之火；理想是火，点燃熄灭的灯；理想是灯，照亮夜行的路；理想是路，引你走向黎明。

——流沙河

想办法让你班上的每一个孩子都有远大梦想，无论条件有多么艰苦，挑战有多大。你必须关照每一个孩子，并看到他们的潜能。

——罗恩·克拉克

生涯认知

理想是人们在学业成就、未来职业、道德人格、家庭生活等方面追求的目标，代表着人们对生命的一种盼望，反映了人们对生活的积极态度。理想是我们对人生的展望，对未来的憧憬，是我们长远的人生目标，它将在相当长的时期内对我们的行为和各个时期的生涯抉择起到指导作用。

一般来说，对于个人的生涯发展而言，我们的理想可以分为生活理想和职业理想。生活理想是指人们对未来生活的追求和向往；职业理想是指人们对未来的工作部门、工作种类以及工作业绩的追求。中学阶段是开始对职业进行评价，探索自己职业前途的重要时期。

理想树

生涯探索

之一：我的人生计划书

＊我的优势

＊我的不足

＊对自我的总体认识

＊目前现状分析

＊我的升学理想设计

1. 选考某学科及其理由
2. 选报某大学及专业的理由

＊终身理想追求

1. 我的职业理想以及理由
2. 生活理想及理由
3. 终身追求及理由

＊实现的途径及可行性

1. 实现途径设计
2. 实现理想的可行性说明

之二：设想自己20年后的理想生活

20年后的今天是 _____ 年 _____ 月 _____ 日。

对我20年后典型的一天进行描述：

对我20年后从事的工作的描述

1. 同事们称呼我 _____。
2. 工作内容是 _____。
3. 和我一起吃中餐的人是 _____。
4. 我下班后的活动是 _____。
5. 工作的场所在 _____。
6. 工作场所周围的环境 _____。
7. 工作场所周边的人群 _____。

对我20年后的生活形态的描述

1. 婚姻状况□已婚□未婚□其他 _____。

规划让生命更精彩

2. 家中成员有子女 ____ 人 □是否与父母同居 _____ □其他 _____ 。
3. 居住的场所在 _____。
4. 居住场所周围的环境 _____。
5. 居住场所周围的人群 _____。
6. 我穿的衣服样式是 _____。
7. 我乘坐的交通工具是 _____。

请说明下列问题：

1. 对于一天的工作和生活，我的情感状态是 _____ 。
2. 临睡前，我许的愿望是 _____。
3. 幻游过程中，印象最深刻的画面是 _____。
4. 幻游中与当前环境最大的不同是 _____。
5. 我在进行幻游后，最深的感受是 _____。
6. 我认为未来的职业会是 _____。

之三：找到自己的使命

步骤一：想一想，在你的生命中有哪些事情是你特别想做的，是你发自内心想要实现的，只要一想到它们，你就会感到热血沸腾、兴奋无比。将它们逐一记录下来。（提示：如果这些都不明显的话，那么思考一下我们的国家最需要的是什么？当你把个人的生命与祖国的盛衰相联系时，你会发现你有很多事情是需要做的。把国家的需要作为我们的使命，这是很有价值的想法。如在饥荒年代，战胜饥饿就是国家的需要。比如袁隆平发现、改良水稻品种，增产增收，就是战胜饥饿的唯一出路。）

步骤二：回想一下，在你有生以来，是否有什么事情让你有过高峰体验？即你非常享受那件事所取得的成果，并受到身边人的赞扬。

步骤三：明确你对世界的贡献和影响力。请想象一下，你已经到了不得不退休的年龄。你已经不再年轻，你的白发越来越多了，皱纹已经爬满了脸颊，腿脚已经不再灵便。此刻你正坐在公园的长椅上慢慢回顾自己的一生——

1. 在这一生中你都做了哪些事情？令你感到骄傲的事情是什么？
2. 你对这个世界的贡献有多大？在这一生中，你帮助了多少人？影响了多少人？改变了多少人？
3. 有多少人认识你，知道你的名字？他们怎样评价你？你的同事、朋友、家人会怎样评价你？

现在，时光流转，生命继续向前推进，你就要离开人世了——

1. 现在的你有什么成就？你一生中引以为傲的事情会是什么？人们会怎样评价你？有多少人会愿意在你离世时为你送行？有多少人感到你的离开是世间莫大的损失？

2. 在你死后有多少人会怀念你？他们为什么会怀念你？

时光继续向前推进，现在，你离开人世已经有50年了——

还有多少人会记得你、怀念你？他们会怎样评价你？

厘清生命意义，找到自身使命：＿＿＿＿＿＿＿＿。

第六节 价值观探索

生涯认知

价值观，是基于人一定思维感官之上做出的认知、理解、判断或抉择，也就是人认定事物、辨别是非的一种思维或价值取向，是我们在生活和工作中看重的原则、标准和品质。

价值观的形成与许多因素有关。成长的背景影响了价值观，受教育的经历、背景及文化传统等都在潜移默化中塑造着我们的价值观，影响我们的态度、情感和行为。

职业价值观反映了个人对某种职业优劣和重要性的内心尺度，是一个人对某个职业的认识和价值判断，是一种具有明确的目的性、自觉性和坚定性的职业选择的态度，对一个人的职业目标和择业动机起决定性作用。不同的人有不同的职业价值观，对职业有不同的评价和取向。哪个岗位更自由，哪个职业更具挑战性，哪个职业更能体现自己的价值，这些都是职业价值观的具体表现。一个人越清楚自己的价值观是什么，在面临人生重要的决定或职业选择时，就越能为自己做出确切的选择。

美国心理学家洛特克提出了13种职业价值观。

1. 成就感：希望提升社会地位，得到社会认同，希望工作能得到他人认可，对完成工作和挑战成功感到满足。

2. 审美追求：能有机会多方面地欣赏周遭的人、事、物，或任何自己觉得重要且有意义的事。

3. 挑战：能有机会运用聪明才智克服困难，会舍弃传统的方法，选择创新的方法处理事务。

4. 健康：包括身体和心理健康，工作时能够免于焦虑、紧张和恐惧，希望能够心平气和地处理事务。

5. 收入与财富：工作能够明显、有效地改变自己的财务状况。

6. 独立性：工作时间比较有弹性，可以充分掌握自己的时间和行动，自由度高。

7. 爱、家庭与人际关系：关心他人，能与别人分享，协助别人解决问题，体贴、关爱他人，对周围的人慷慨。

8. 道德感：能与组织的目标、价值观和工作使命不冲突，紧密结合。

9. 欢乐：享受生命，结交新朋友，与别人共处，一同享受美好时光。

10. 权力：能够影响或控制他人，使他人按照自己的意思去行动。

11. 安全感：能够满足基本的需求，有安全感，远离突如其来的变动。

12. 自我成长：能够追求知识上的刺激，寻求更圆满的人生，在智慧、知识与人生的体会上提升。

13. 协助他人：认识到自己的付出对团体是有帮助的，别人因为自己的行为而受惠。

职业价值观决定了一个人在选择工作时，哪些因素是重要的，哪些是不重要的；哪些是要优先考虑和选择的，哪些不是。因此，个人必须学会在不同时期、不同情况下，明确自己的职业核心需求，以便合理地制订自己的职业生涯规划。

九大类职业价值观、特点及适合职业简表

序号	类型	特点	适合的职业
1	自由型	不受别人指使，凭自己的能力拥有自己的小"城堡"，不愿受人干涉，想充分施展本领。	室内装饰专家、图书管理专家、摄影师、音乐教师、作家、演员、记者、作曲家、编剧、雕刻家、漫画家等。
2	经济型	对赚钱情有独钟，很愿意在这方面投入精力，并由此获得成就感或快乐，但也容易将一切关系都看成金钱关系。	商人、企业管理者等。
3	支配型	掌控欲较强，享受一切尽在掌握的感觉。有大局观，但容易忽视他人的想法和感受。	进货员、商品批发员、旅馆经理、饭店经理、广告宣传员、调度员、律师、政治家、零售商等。

（续表）

序号	类型	特点	适合的职业
4	小康型	好胜心强，追求与他人不同。享受优越感，希望获得更多尊重，需要被认可，在不能获得认可时，较容易自卑。	记账员、会计、银行出纳、法庭速记员、成本估算员、税务员、核算员、打字员、办公室职员、统计员、计算机操作员等。
5	自我实现型	不关心平常的幸福，一心一意想发挥个性，追求真理。不考虑收入、地位及他人对自己的看法，尽力挖掘自己的潜力，施展自己的本领，并将此视为为有意义的生活	气象学者、生物学者、天文学家、药剂师、动物学者、化学家、科学报刊编辑、地质学家、植物学者、物理学者、数学家、实验员、科研人员等。
6	志愿型	富有同情心，把他人的痛苦视为自己的痛苦，不愿干表面上哗众取宠的事，把默默地帮助不幸的人视为无比快乐的事。	社会学者、导游、福利机构工作者、咨询人员、社会工作者、社会科学教师、护士等。
7	技术型	性格沉稳，做事组织严密，井井有条，并且对未来充满平常心。	木匠、农民、工程师、飞机机械师、野生动物专家、自动化技师、机械工、电工、火车司机、公共汽车司机、机械制图员等。
8	合作型	人际关系较好，认为朋友是最大的财富。	公关人员、推销人员、秘书等。
9	享受型	喜欢安逸的生活，不愿从事任何挑战性的工作。	无固定职业类型。

生涯探索

之一：职业价值观拍卖活动

有一间神奇的商店，专门出售职业价值观的种子，共有15种，如果你把这些种子买回去，播种下去，来年它们可能会带来丰硕的果实报答你，帮你找到一份满意的工作。但因为种子比较少，所以必须要以竞拍的方式来进行购买。

拍卖规则：

1. 每人手中有1000元，可以随意叫买种子，每颗种子底价不低于150元，每次加价单位是50元的倍数。

2. 同学们在竞拍过程中可以更改价格，但第一次叫价不可高于200元。

3. 在拍卖过程中，拍卖师每推销一颗种子，同学们出价竞购，拍卖师连喊三次，如果没有人再出高价，则由出价最高者购得。

4. 请同学们先根据自己的价值观，作一个预算，按重要程度排序，填入要购买的种子和所需金额，每人最少需预购3颗种子。请你考虑一下你要购买哪3颗。如果你认为这15种价值观种子不够全面，请你填上你想要的，商店会专门为你进货。

职业价值观种子列表

1.工作环境好。	2.掌握的权力大。	3.工作能将美带给世界。
4.工资高，福利好。	5.工作有创意。	6.工作稳定。
7.工作有挑战性，能充分发挥自己的才能。	8.有较高的社会地位。	9.领导好相处。
10.能按照自己喜欢的方式生活。	11.工作多样变化。	12.工作自由度高，有独立自主性。
13.同事好相处。	14.工作有成就感。	15.工作能帮助别人。

首先将学生进行分组，之后每位学生预先选定3种自己想购买的职业价值观种子，并按重要性排序。教师在每个小组中确定一名拍卖师，并把拍卖槌交给拍卖师。

（学生按小组进行拍卖活动）

拍卖结束后，老师提出以下问题请同学们分组讨论：

1. 你购买了哪些种子？为什么买这些种子？
2. 你买到你想买的种子了吗？为什么？
3. 你预先选中的是哪些种子？为什么选中了它们？
4. 如何才能买到自己想要的种子？
5. 你买到的种子种下去，长成小树苗，小树苗在你的悉心照顾下渐渐长大，树上结出了一颗果实，你摘下果实，将它吃下。说也奇怪，自从吃了这个果实后，你变得比以前更执着、更坚定、更吃苦耐劳了，最终凭着自己的本事找到一份满意的工作。你觉得那会是一份什么样的工作？

讨论后总结：

1. 我们想要的种子有很多，不可能都得到，必须要有所选择、有所取舍，要选择那些对我们来说更重要的。
2. 要做好取舍，就需要澄清我们的职业价值观，加深我们对职业价值观的认识，认识越明确，选择的阻力就越小。

3. 每个人的价值观选择不尽相同，要尊重彼此的价值观。

4. 澄清价值观是为了增强我们的方向感，增强我们做事的动力。将来的目标需要我们现在做好准备。现在准备得越充分，将来目标实现的可能性就越大。

5. 每个人都有自己独特的价值观，重要的不是去评判对错，而是去考量它们给自己的生活和职业发展带来的影响。随着我们知识与阅历的增加，我们的价值取向也会发生变化，需要我们不断去审视和澄清。

之二：职业价值观测试

第一步：下面有60道题，请在题目后面的括号内打分，最低分1分，最高分5分，分数越高代表该项内容对你来说越重要。通过测验，你可以大致了解自己的职业价值观倾向，为将来择业提供参考依据。

1. 能参与救灾济贫工作。　　　　　　　　　　　　（　　）
2. 能经常欣赏美的工艺作品。　　　　　　　　　　（　　）
3. 能经常尝试新的构想。　　　　　　　　　　　　（　　）
4. 必须花精力去深入思考。　　　　　　　　　　　（　　）
5. 在职责范围内有充分自由。　　　　　　　　　　（　　）
6. 可以经常看到自己的工作成果。　　　　　　　　（　　）
7. 能在社会上扮演更重要的角色。　　　　　　　　（　　）
8. 能知道别人如何处理事务。　　　　　　　　　　（　　）
9. 收入能比相同条件的人高。　　　　　　　　　　（　　）
10. 能有稳定的收入。　　　　　　　　　　　　　　（　　）
11. 能有清静的工作场所。　　　　　　　　　　　　（　　）
12. 主管善解人意。　　　　　　　　　　　　　　　（　　）
13. 能经常和同事一起休闲。　　　　　　　　　　　（　　）
14. 能经常变换职务。　　　　　　　　　　　　　　（　　）
15. 能成为你想成为的人。　　　　　　　　　　　　（　　）
16. 能帮助贫困和不幸的人。　　　　　　　　　　　（　　）
17. 能增添社会的文化气息。　　　　　　　　　　　（　　）
18. 可以自由地提出新颖的想法。　　　　　　　　　（　　）
19. 必须不断学习才能胜任。　　　　　　　　　　　（　　）
20. 工作不受他人干涉。　　　　　　　　　　　　　（　　）

21. 觉得自己的辛苦没有白费。 (   )
22. 能使你更有社会地位。 (   )
23. 能够分配调整他人的工作。 (   )
24. 能常常加薪。 (   )
25. 生病时能有妥善照顾。 (   )
26. 工作地点光线通风好。 (   )
27. 有一个公正的主管。 (   )
28. 能与同事建立深厚的友谊。 (   )
29. 工作性质常会变化。 (   )
30. 能实现自己的理想。 (   )
31. 能够减少别人的苦难。 (   )
32. 能运用自己的鉴赏力。 (   )
33. 常需构思新的解决方法。 (   )
34. 必须不断地解决新的难题。 (   )
35. 能自行决定工作方式。 (   )
36. 能知道自己的工作绩效。 (   )
37. 能让你觉得出人头地。 (   )
38. 可以发挥自己的领导能力。 (   )
39. 可使你存下许多钱。 (   )
40. 好的保险和福利制度。 (   )
41. 工作场所有现代化设备。 (   )
42. 主管能采取民主领导方式。 (   )
43. 不必和同事有利益冲突。 (   )
44. 可以经常变换工作场所。 (   )
45. 常让你觉得如鱼得水。 (   )
46. 能经常帮助他人解决困难。 (   )
47. 能创作优美的作品。 (   )
48. 常需提出不同的处理方案。 (   )
49. 需对事情深入分析研究。 (   )
50. 可以自行调整工作进度。 (   )
51. 工作结果受到他人肯定。 (   )
52. 能自豪地介绍自己的工作。 (   )

53. 能为团体拟订工作计划。　　　　　　　　　（　）
54. 收入高于其他行业。　　　　　　　　　　　（　）
55. 不会轻易被解雇。　　　　　　　　　　　　（　）
56. 工作场所整洁卫生。　　　　　　　　　　　（　）
57. 主管的学识和品德让你钦佩。　　　　　　　（　）
58. 能够认识很多风趣的伙伴。　　　　　　　　（　）
59. 工作内容随时间变化。　　　　　　　　　　（　）
60. 能充分发挥自己的专长。　　　　　　　　　（　）

第二步：算算各项分数，看看你是什么类型的职业价值观。

职业价值观	对应题目	得分
利他主义	1、16、31、46	
美的追求	2、17、32、47	
创造发明	3、18、33、48	
智力激发	4、19、34、49	
独立自主	5、20、35、50	
成就满足	6、21、36、51	
声望地位	7、22、37、52	
管理权力	8、23、38、53	
经济报酬	9、24、39、54	
安全稳定	10、25、40、55	
工作环境	11、26、41、56	
上司关系	12、27、42、57	
同事关系	13、28、43、58	
多样变化	14、29、44、59	
生活方式	15、30、45、60	

第三步：接下来请你从高分项中，认真地选出你最为看重的三项，并且做一个排序，请好好想一想，这是一个发现自己的过程。

	职业价值观	说说你选择的理由
1.最重要		
2.其次		
3.再次		

之三：利用舒伯理论明确自身的职业价值观

理想、信念、世界观对于职业的影响集中体现在职业价值观上。职业价值观更多地体现在对职业的选择上，树立正确的择业观可以帮助自己在职业生涯中找准位置，为自己的人生扬帆远航。

心理学家舒伯1970年编制的《WVI职业价值观测试量表》将价值观分为3个维度，即内在价值观、外在价值观、外在报酬。而外在报酬又包含了13个因素，分别是利他主义、美感、智力刺激、成就感、独立性、社会地位、管理、经济报酬、社会交际、安全感、舒适、人际关系、变异性或追求新意。

社会认可的13种职业价值观简表

利他主义	总是为他人着想，把直接为大众的幸福和利益尽一份力作为自己的追求。
美感	不断地追求美的东西，得到美感的享受。
智力刺激	不断进行智力开发、动脑思考，学习和探索新事物，解决新问题。
成就感	不断创新，不断取得成就，不断得到领导和同事的赞扬，不断实现自己想要做的事。
独立性	能够充分发挥自己的独立性和主动性，按自己的方式、想法去做，不受他人干扰。
社会地位	所从事的工作在人们的心目中有较高的社会地位，从而使自己得到他人的重视与尊敬。
管理	获得对他人或某事的管理支配权，能指挥和调遣一定范围内的人或事物。
经济报酬	获得优厚的报酬，使自己有足够的财力去获得自己想要的东西，使生活过得较为富足。
社会交际	能和各种人交往，建立比较广泛的社会联系和关系，甚至能和知名人物结识。
安全感	希望不管自己能力怎样，在工作中要有一个安稳的局面，不会因为奖金、加资、调动工作或领导训斥等而经常提心吊胆、心烦意乱。

(续表)

舒适	希望将工作作为一种消遣、休息或享受的形式，追求比较舒适、轻松、自由、优越的工作条件和环境。
人际关系	希望一起工作的大多数同事和领导人品好，相处在一起感到愉快、自然，认为这就是很有价值的事，是一种极大的满足。
追求新意	希望工作的内容经常变换，使工作和生活显得丰富多彩，不单调枯燥。

请参照上述职业价值观列表，找出你认为最重要、次重要、次不重要和最不重要的项目，填入下表中。

我的职业价值观

最重要	
次重要	
次不重要	
最不重要	

根据以上价值观排序，试着列举三种以上能体现你价值观的职业。

1.
2.
3.

生涯拓展

社会认可的职业道德要求

《公民道德建设实施纲要》中提出了职业道德的五个要求，即爱岗敬业、诚实守信、办事公道、服务群众、奉献社会。在职场中可以体现在以下几方面：

（1）敬业。敬业是一切职业道德基本规范的基础，也是做好本职工作的重要前提和可靠保障。敬业是个体以明确的目标选择，忘我投入的志趣，认真负责的态度为准则，在从事职业活动时所表现出的一种个人品质。敬业是从业人员在职场立足的基础，是从业人员事业成功的保证。

（2）诚信。诚信的本质内涵是真实、守诺、信任，即尊重实情、有约必履、有诺必践、言行一致、赢得信任。诚信是个人职业生涯的生存力和发展力。

（3）纪律。职业纪律包括政府令、条例、制度、规定、公约、守则、管理办法、法规等，包括某一企业根据自身实际所制定的企业制度、规定、守则、要求、操作规程等。遵守职业纪律包括遵守劳动纪律、财经纪律、保密纪律等。遵守职业纪律关系到员工个人事业的成功与发展。

（4）合作。团队合作精神对于一个企业而言，是推动企业经济发展不可或缺的关键。合作是企业生产经营顺利实施的内在要求，是打造优秀团队的有效途径。

（5）奉献。奉献是企业健康发展的保障，是从业人员履行职业责任的必经之路。奉献是从业人员实现职业理想的途径，是一种最高层次的职业道德。

第七节　责任心探索

生涯认知

一、责任心及其类别

责任心是指人对自己、对家庭、对他人、对集体或社会主动承担责任的意识或态度。人的责任心不是与生俱来的。人在生活实践中逐渐认识到自己的责任，并由此产生了相应的内心需求和行为，从而便产生了责任心。责任心是衡量一个人品德优劣的基本尺度，也是判断一个人心理是否成熟的重要标志。

责任心一般可分为自我责任心、家庭责任心、学习责任心和社会责任心四个部分。

1. 自我责任心。自我责任心是指一个人在遵守道德、法律法规的前提下，积极主动地对自己的生存、生活和发展负责。包括能自主认真学习，对自己的学习负责；自己的事自己做，对自己的生活负责；珍爱生命，对自己的生命负责等。

2. 家庭责任心。家庭责任心是指在家庭中主动承担家庭事务或家务劳动，尊老爱幼，照顾父母或家庭中的其他成员，并为改善家庭生活质量或幸福而努力等。

3. 学习责任心。学习责任心是指个人能自觉接受或尽全力完成学习任务，并与伙伴友好相处，乐于和他人合作，提高学习效率或质量，愿意为集体出力。

4. 社会责任心。社会责任心表现为关心社会，热爱自己的民族和国家，遵守社会法规和道德规范，保护环境，参与有益的社会活动等。

二、责任心的价值和作用

在生涯探索过程中，责任心具有重要的价值和作用。

1. 责任心是个人学业、职业发展的基本保证，责任心也是人的竞争力。山东人才网对200家用人单位的人事主管进行调查，在独立性、自信心、抗压能力、责任心、团队协作精神、进取心、应变能力、表达能力、沟通能力、专业能力等方面选出他们最看重的因素。调查结果表明，在用人单位的诸多条件中，责任心被排在第一位！"凡事有交代，件件有着落，事事有回音"这一行为准则也成为职场人士做事的铁律，成为衡量一个人是否有责任心的基本标准，这关系到一个人的工作效能和职业发展。

2. 责任心是个人心理成熟的重要标志。心理成熟者具有以下特征：情绪稳定、乐观；做事目标明确，善于筹划和坚持；乐于工作和学习，善于自我激励；能理性地管理自己的行为，控制冲动，抵抗诱惑；能够体察他人的情感，关怀他人，并与周围的人建立良好关系；对自己、家庭和社会有责任感。这些特征大部分与责任心密切相关。

3. 责任心影响人的心理健康与生活幸福感。研究发现，责任心与幸福感、心理健康之间存在密切关系。责任心中的忠诚可信、尽职尽责、积极进取等因素是个人人格健全、生活幸福和事业成功的重要影响因素。

生涯探索

之一：测一测我的责任心

给自己一个真实的评价，直面自己。下列情况或说法，完全符合你的打5分，完全不符合你的给0分，有点符合你的酌情在1—4分之间选一个分数。

描述	分数
1.如果爸爸妈妈发生争执，我会想办法调解。	
2.我清晰地记得亲人们的生日，并且总会在生日当天送上祝福。	
3.家里乱了会随手整理、打扫。	
4.我会批评那些在食堂不自觉排队的同学。	
5.任何时候我都会遵守交通规则。	

— 规划让生命更精彩

（续表）

描述	分数
6.如果有环保宣传活动，我很乐意参加。	
7.不管在哪里，我始终坚持低碳理念，比如节水、节电、节约用纸。	
8.我关注时事政治以及中国未来的发展。	
9.我会为受灾人群或地区捐款捐物。	
10.爱我中华、振兴国家是我们的使命。	
11.我的生活作息很规律，很少赖床、熬夜。	
12.不管老师是否检查，我都会坚持预习、复习。	
13.我会想方设法学好成绩不理想的科目。	
14.我不喜欢敷衍、搪塞、逃避责任的人。	
15.我从不为自己的过失行为找借口。	
16.我是个知错能认、知错则改的人。	
17.我很看重承诺，答应的事情一定会努力做好。	
18.我会批评朋友不守时。	
19.我对集体的事情尽心尽力，经常为班级出谋划策。	
20.大家都说我乐于助人。	

总分：

思考：我是否算一个有责任心的人？

之二：明确肩负的责任

每个人在社会中都身兼多种角色，每一种角色都肩负着不同的责任。想知道我们的责任有哪些，不妨先盘点一下我们的角色吧！

角色一：家庭的一员

作为家庭一员，我的责任包括：

1. 收拾自己的房间，做力所能及的家务。

2. 关爱父母，理解父母。

3. _____

4. _____

角色二：学校的学生

作为学校的学生，我的责任包括：

1. 努力学习，认真完成作业。
2. 遵守学校规章制度，维护学校荣誉。
3. _____
4. _____

角色三：社会的公民

作为社会的公民，我的责任包括：

1. 遵纪守法。
2. 尊老爱幼，公交车上主动让座。
3. _____
4. _____

角色四：_____

作为_____，我的责任包括：

1. _____
2. _____
3. _____
4. _____

之三：责任心训练

当我们把负责任变成一种习惯时，做事认真负责就会逐渐融入我们生活的方方面面。当我们意识到学习是学生的天职时，我们才会主动学习，也才会享受求知过程中的酸甜苦辣和无穷乐趣。

承担责任，让我们从培养责任心开始。

1. 从"拒绝借口"入手

生活中，我们常常会为自己未做到、未做好的事情寻找借口。比如：上学迟到，那是因为路上堵车；作业没完成，那是因为太累了；忘记还同学钱，那是因为同学也常常借钱不还等。

借口是一种自我保护，有了借口，我们就可以心安理得地认为"这件事与我无关""我已尽力而为，所以责任不在于我"。借口也是阻碍我们走向成功的一个绊脚石，如果常常将失败的原因归于外部因素，就会让我们自身变得懒惰、拖拉、没有毅力。

拒绝借口，我们不妨这样做：
1. 被老师批评，很重要的原因是＿＿＿＿＿＿＿＿＿＿＿＿＿＿＿
所以我要＿＿＿＿＿＿＿＿＿＿＿＿＿＿＿＿＿＿＿＿＿＿＿＿
2. 功课没学好，很重要的原因是＿＿＿＿＿＿＿＿＿＿＿＿＿＿＿
所以我要＿＿＿＿＿＿＿＿＿＿＿＿＿＿＿＿＿＿＿＿＿＿＿＿
3. 不做家务，很重要的原因是＿＿＿＿＿＿＿＿＿＿＿＿＿＿＿＿
所以我要＿＿＿＿＿＿＿＿＿＿＿＿＿＿＿＿＿＿＿＿＿＿＿＿

2. 从"重信守诺"做起

没有责任心的人要么轻诺寡信，要么从不敢承诺、从不敢担当。从现在开始，我们通过学习，要让自己成为既能勇敢担当，又能不折不扣履行自己的诺言的人，让自己的内心更强大。

请完成下面的承诺卡，并郑重签上自己的名字，为了自己的尊严，开始认真执行或要求自己。

关于＿＿＿＿＿＿的承诺

对自己，我承诺：＿＿＿＿＿＿＿＿＿＿＿＿＿＿＿＿＿＿＿＿＿

对父母，我承诺：＿＿＿＿＿＿＿＿＿＿＿＿＿＿＿＿＿＿＿＿＿

对社会，我承诺：＿＿＿＿＿＿＿＿＿＿＿＿＿＿＿＿＿＿＿＿＿

承诺人：＿＿＿＿＿＿＿＿

承诺时间： 年 月 日

第四章 了解职场

> 选择职业,就是选择将来的自己。
>
> ——伯特兰·罗素

第一节 了解职业世界

生涯认知

一、行业

职业世界除了包括不同的职业种类外，还包括行业。

行业是工商业中的类别，泛指职业的类别，是从事国民经济中同性质的生产或其他经营单位或组织结构体系，如教育业、餐饮业、服装业、媒体行业、机械行业、金融业等。行业是一个大类别的分类，每一个行业都可以细分为很多种职业。比如互联网行业的相关职业就有网站开发师、网络管理员、系统分析员、计算机硬件工程师、网页美工、Web前端设计师、数据库管理员、动漫设计师、计算机软件工程师、彩铃设计师等。

职业是从业人员所从事的有偿工作的种类，它具有社会性、经济性、技术性、稳定性、群体性和规范性的特点。职业一般是按照工作职能来划分的。根据中国职业规划师协会的定义，职业是性质相近的工作的总称，通常指从业人员为获取主要生活来源所从事的社会工作的类别。在特定的组织内，表现为我们在谈具体的工作（职业）时，也就是在谈某一类职位。每个职位都会对应一组任务，即任职者的岗位职责。而要完成这些任务，就需要从事这个职位的人具备相应的知识、技能、态度等。各类职业内部具有特定的同一性，不同职业之间又存在巨大的差异性。职业的要素包括职业的名称，工作的对象、内容，劳动方式和工作场所，任职资格和工作能力，取得的各种报酬等。

行业是单位的性质，职业是工种。比如厨师是职业，在酒店做厨师就是从事餐饮行业，而在政府食堂从事厨师工作就是从事机关事务工作。在做个人发展规划的时候，行业的选择应该优先于职业的选择。

随着社会的发展，职业世界会发生一系列变化。人力资源和社会保障部往往会发布职业和行业的新信息。

《国民经济行业分类》（2017年）国家标准，根据我国的具体国情，将所有的产业划分为以下几大类行业。

A.农业、林业、牧业、渔业；

B.采矿业；

C.制造业；

D.电力、热力、燃气及水生产和供应业；

E.建筑业；

F.批发和零售业；

G.交通运输业、仓储和邮政业；

H.住宿和餐饮业；

I.信息传输、软件和信息技术服务业；

J.金融业；

K.房地产业；

L.租赁业和商务服务业；

M.科学研究和技术服务业；

N.水利、环境和公共设施管理业；

O.居民服务、修理和其他服务业；

P.教育；

Q.卫生和社会工作；

R.文化、体育和娱乐业；

S.公共管理、社会保障和社会组织；

T.国际组织。

二、职业

《中华人民共和国职业分类大典》（2022版公示稿）将我国职业归为8个大类、79个中类，449个小类，1636个细类（职业）、2967个工种。

第一大类：党的机关、国家机关、群众团体和社会组织、企事业单位负责人。

第二大类：专业技术人员。

第三大类：办事人员和有关人员。

第四大类：社会生产服务和生活服务人员。

第五大类：农、林、牧、渔业生产及辅助人员。

第六大类：生产制造及有关人员。

第七大类：军队人员。

第八大类：不便分类的其他从业人员。

（以上职业分类信息来自中华人民共和国人力资源和社会保障部政府信息公开网）

新兴职业举例：

1. 人工智能工程技术人员。分析、研究人工智能算法、深度学习等技术并加以应用；研究、开发、应用人工智能指令、算法；规划、设计、开发基于人工智能算法的芯片；研发、应用、优化语言识别、语文识别、图像识别、生物特征识别等人工智能技术；设计、集成、管理、部署人工智能软硬件系统；设计、开发人工智能系统解决方案。

2. 物联网工程技术人员。研究、应用物联网技术、体系结构、协议和标准；研究、设计、开发物联网专用芯片及软硬件系统；规划、研究、设计物联网解决方案；规划、设计、集成、部署物联网系统并指导工程实施；安装、调测、维护并保障物联网系统的正常运行；监控、管理和保障物联网系统安全；提供物联网系统的技术咨询和技术支持。

3. 大数据工程技术人员。研究、开发大数据采集、清洗、存储及管理、分析及挖掘、展现及应用等技术；研究、应用大数据平台体系架构、技术和标准；设计、开发、集成、测试大数据软硬件系统；大数据采集、大数据清洗、大数据建模与大数据分析；管理、维护并保障大数据系统稳定运行；监控、管理和保障大数据安全；提供大数据的技术咨询和技术服务。

4. 云计算工程技术人员。研究、开发虚拟化、云平台、云资源管理和分发等云计算技术以及大规模数据管理、分布式数据存储等相关技术；研究、应用云计算技术、体系架构、协议和标准；规划、设计、开发、集成、部署云计算系统；管理、维护并保障云计算系统的稳定运行；监控、保障云计算系统安全；提供云计算系统的技术咨询和技术服务。

5. 建筑信息（BIM）模型技术员。负责项目中建筑、结构、暖通、给排水、电气专业等BIM模型的搭建、复核、维护管理工作；协同其他专业建模，并做碰撞检查；BIM可视化设计，如室内外渲染、虚拟漫游、建筑动画、虚拟施工周期等；施工管理及后期运维。

6. 电子竞技员。参加电子竞技项目比赛；进行专业化的电子竞技项目陪练及代打活动；搜集和研究电竞战队动态、电竞游戏内容，提供专业的电竞数据分析；参与电竞游戏的设计和策划，体验电竞游戏并提出建议；参与电竞活动的表演。

7. 无人机驾驶员。安装、调试无人机电机、动力设备、桨叶及相应任务设备等；根据任务规划航线；根据飞行环境和气象条件校对飞行参数；操控无人机完成既定飞行任务；整理并分析采集数据；评价飞行结果和工作效果；检查、维护、整理无人机及任务设备。

8. 数字化管理师。将企业及组织人员架构编辑在数字化管理平台，负责制订企业数字化办公软件，推进计划和落地实施方案，进行扁平可视化管理；负责数字化办公所有模块的搭建和组织运转必备流程的维护，实现组织高效安全的沟通；设定企业及组织工作流协同机制，实现知识经验的沉淀和共享；通过业务流程和业务行为的在线化，实现企业的大数据决策分析；以企业为中心的上下游和客户都实现在线化连接，用大数据优化整个生态的用户体验，不断提升生产销售效率。

9. 农业经理人。搜集和分析农产品供求、客户需求数据等信息；编制生产、服务经营方案和作业计划；调度生产、服务人员，安排生产或服务项目；指导生产、服务人员执行作业标准；疏通营销渠道，维护客户关系；组织产品加工、运输、营销；评估生产、服务绩效，争取资金支持。

10. 工业机器人系统操作员。按照工艺指导文件等相关文件的要求完成作业准备；按照装配图、电气图、工艺文件等相关文件的要求，使用工具、仪器等进行工业机器人工作站或系统装配；使用示教器、计算机、组态软件等相关软硬件工具，对工业机器人、可编程逻辑控制器、人机交互界面、电机等设备和视觉、位置等传感器，进行程序编制、单元功能调试和生产联调；使用示教器、操作面板等人机交互设备进行生产过程的参数设定与修改、菜单功能的选择与配置、程序的选择与切换；进行工业机器人系统工装夹具等装置的检查、确认、更换与复位；观察工业机器人工作站或系统的状态变化并做相应操作，遇到异常情况执行急停操作等；填写设备装调、操作等记录。

11. 物联网安装调试员。产品和设备检查，检测物联网设备、感知模块、控制模块的质量；组装物联网设备及相关附件，并选择位置进行安装与固定；连接物联网设备电路，实现设备供电；建立物联网设备与设备、设备与网络的连接，检测连接状态；调整设备安装距离，优化物联网网络布局；配置物联网网关和短距传输模块参数；预防和解决物联网产品和网络系统中的网络瘫痪、中断等事件，确保物联网产品及网络的正常运行。

12. 城市轨道交通线路工。线路设备及附属设施的检查、检测；线路的日常保养、维修及病害处理；道岔的日常保养、维修及病害处理；线路附属设施、设备的日常保养、维修及病害处理；线路大修；道岔大修；线路附属设施设备大修。

（以上内容来源于中国就业培训技术指导中心）

职业信息资料的获取一般有三种途径：一是通过书籍或媒体获得，二是通过从业人员获得，三是通过自身实践获得。

三、七大新兴产业：

1. 节能环保产业：重点开发推广高效节能技术装备及产品，实现重点领域关键技术突破，带动能效整体水平的提高。加快资源循环利用关键共性技术研发和产业化示范，提高资源综合利用水平和再制造产业化水平。示范推广先进环保技术装备及产品，提升污染防治水平。推进市场化节能环保服务体系建设。加快建立以先进技术为支撑的废旧商品回收利用体系，积极推进煤炭清洁利用、海水综合利用。

2. 新一代信息技术产业：加快建设宽带、泛在、融合、安全的信息网络基础设施，推动新一代移动通信、下一代互联网核心设备和智能终端的研发及产业化，加快推进三网融合，促进物联网、云计算的研发和示范应用。着力发展集成电路、新型显示、高端软件、高端服务器等核心基础产业。提升软件服务、网络增值服务等信息服务能力，加快重要基础设施智能化改造。大力发展数字虚拟等技术，促进文化创意产业发展。

3. 生物产业：大力发展用于重大疾病防治的生物技术药物、新型疫苗和诊断试剂、化学药物、现代中药等创新药物大品种，提升生物医药产业水平。加快先进医疗设备、医用材料等生物医学工程产品的研发和产业化，促进规模化发展。着力培育生物育种产业，积极推广绿色农用生物产品，促进生物农业加快发展。推进生物制造关键技术开发、示范与应用。加快海洋生物技术及产品的研发和产业化。

4. 高端装备制造产业：重点发展以干支线飞机和通用飞机为主的航空装备，做大做强航空产业。积极推进空间基础设施建设，促进卫星及其应用产业发展。依托客运专线和城市轨道交通等重点工程建设，大力发展轨道交通装备。面向海洋资源开发，大力发展海洋工程装备。强化基础配套能力，积极发展以数字化、柔性化及系统集成技术为核心的智能制造装备。

5. 新能源产业：积极研发新一代核能技术和先进反应堆，发展核能产业。加快太阳能热利用技术推广应用，开拓多元化的太阳能光伏光热发电市场。提高风电技术装备水平，有序推进风电规模化发展，加快适应新能源发展的智能电网及运行体系建设。因地制宜开发利用生物质能。

6. 新材料产业：大力发展稀土功能材料、高性能膜材料、特种玻璃、功能陶瓷、半导体照明材料等新型功能材料。积极发展高品质特殊钢、新型合金材料、工程塑料等先进结构材料。提升碳纤维、芳纶、超高分子量聚乙烯纤维等高性能纤维及其复合材料发展水平。开展纳米、超导、智能等共性基础材料研究。

7. 新能源汽车产业：着力突破动力电池、驱动电机和电子控制领域关键核心技术，推进插电式混合动力汽车、纯电动汽车推广应用和产业化。同时，开展燃料电池汽车相关前沿技术研发，大力推进高能效、低排放节能汽车发展。

（以上内容来源于《国务院关于加快培育和发展战略性新兴产业的决定》）

生涯探索

之一：按照职业信息资料获取的三种途径，分别填写《职业资讯调查单》。

职业资讯调查单

职业名称（工作或角色）	
资讯性质	
资讯来源	
咨询内容	价值观的满足	
	环境（工作性质）	
	工作报酬	
	生涯型态（角色组合）	
	得到本项生涯目标的渠道与机会	
	应具备的资格和准备	
	备注（注意事项）	
	短期内，我应达成的目标	

之二：填写个人生涯资讯

个人	兴趣	
	能力	
	个性	
	价值观	
	社交关系	
	生活型态	
	生涯信念	
个人与环境	家人的期待	
	社会经济因素	
教育与职业资源	希望就读的学校	
	希望就读的科系	
	职业名称	
	职业与工作性质	
	福利与待遇	

生涯拓展

职场必备的七大自我管理能力

在职场中，不断提升自身能力对于职业生涯发展而言非常重要。下面列举了七项职场必备的自我管理能力，可供学习和参考。

1. 自我心态管理能力。自我心态管理是个人为达到人生目标而进行的心态调整，进而实现自我人生目标、实现价值最大化的优化自我的一种行为。进行自我心态管理，随时调整自我心态，持续地保持积极价值的心态，不仅有利于提高工作效率，还有益于身心健康。

2. 自我形象管理能力。在职场中，得体的着装，合乎场景的商务礼仪，不仅可以让自身更有魅力，也是对他人的一种尊重。加强自身形象、自身修养，优化举止、谈吐等方面的形象管理，是每一个智慧职场达人的必修课。

3. 自我激励管理能力。自我激励是事业成功的推动力，人的一切行为都是受到激励而产生的。善于自我激励的人，能够通过不断地自我激励使自己有源源不断的前进动力。

4. 自我时间管理能力。时间对于每个人来说都是公平的，但有的人每天手忙脚乱，有的人却能在有限的时间里有条不紊地完成大量的工作，并充分享受生活，关键的秘诀在于自我时间管理。良好的时间管理会让你更加高效，更加条理清晰，忙中有序。

5. 自我人际管理能力。人的生命永远不孤立。社会生活中的人们为了传达思想、交换意见、表达感情，就需要与他人进行沟通和交往，这种沟通和交往的行为，称为人际交往。人际交往能力就是管理中的软实力，良好的人际交往能力往往能四两拨千斤地平衡各方面的利益，从而更好地实现目标管理。

6. 自我学习管理能力。学习是人类生存与发展的推动力。一切知识和能力都是从学习和实践中来的，人最核心的能力就是学习能力。在当今这个竞争激烈的时代，学习如逆水行舟，不进则退，不断学习是保持竞争优势的唯一方法。

7. 自我反省管理能力。"吾日三省吾身。"反省是成功的加速器，经常反省自己，可以对事物有清晰的判断，对自己有理性的认识。自我反省是工作的一个重要组成部分，不断地检查自己行为中的不足，及时反思改正，才能不断地完善自我。

第二节　关注职业人物

在一个崇高的目标支持下，不停地工作，即使慢，也一定会获得成功。

——爱因斯坦

生涯认知

访谈职业人物是获取职业信息的有效途径。学生通过访谈，可以了解社会需求、职业需求、职业环境和职业发展前景等，从自身状况出发，制订合理的学业计划、生涯规划。

职业人物访谈有多种形式，可以面对面访谈，也可以网络访谈、电话访谈。

每个高中学生应利用假期进行至少一次职业访谈，撰写访谈总结报告。报告应该标注出访谈的标题和作者，内容应包括生涯人物的选取、生涯人物简介、访谈过程简介、访谈问题总结、对该职业的分析、自身的认识变化、对自己职业发展的帮助等。总结报告3000字为宜。

访谈的过程与方法

基本过程	实施方法
1.认识和了解自己	在访谈前，教师要引导学生认识和了解自己，这有助于学生深入思考和挖掘访谈信息。学生可以借助一定的工具，如霍兰德职业兴趣测试等，分析和研究自己的性格、兴趣、技能和价值观等。

（续表）

基本过程	实施方法
2.寻找生涯人物	在教师的帮助下，学生结合自己的性格、兴趣、技能、价值观、教育背景和已掌握的职业知识，罗列出未来可能从事的几个职业。在每个职业领域寻找3位以上在职人士作为访谈对象。访谈对象中既要有职场新手，又要有经验丰富的职场人士。正式访谈前，必须了解生涯人物的姓名、职务和联系方式等，对生涯人物的信息掌握得越全面越好。
3.拟定访谈提纲	教师协助学生提前设定访谈问题，一次访谈的问题一般是10个左右。对生涯人物的访谈可以围绕以下几个要点进行：行业、单位名称、职业（职位）、工作性质、主要内容、工作地点、工作时间、任职资格、需掌握的技能、市场前景、工作环境、工作强度、福利薪酬、工作感受、员工满意度等。
4.预约、实施采访	学生可以通过电话、微信、QQ、电子邮件预约，打电话最好。预约时首先介绍自己，然后说明找到受访者的途径、采访目的、感兴趣的工作类型以及采访所需要的时间（通常30分钟），确定采访的时间和地点等。最后按时进行职业访谈。
5.访谈结果分析	学生对照之前自己对该职业的认识，找出主观认识与现实之间的偏差。确定自己是否适合这一职业，是否具备所需知识、能力与品质。最后形成书面总结报告，制订高中期间的学业规划和生涯规划书。如果访谈结果与自己之前的认识偏差很大，就有必要进入另一个职业领域，开展新一轮的职业访谈。

撰写职业人物访谈报告

采访者姓名		班级	
受访者姓名		职务	
受访者单位			
单位性质			
访谈时间		访谈地点	
学历要求			
证书要求		英语水平要求	
技能要求			
性格要求			
涉及的知识领域			
工作环境的评述			
工作压力的程度			

(续表)

薪酬福利	
发展前景	
岗位职责的描述	
日常工作的描述	
对高中生的建议	
访谈心得	

生涯探索

之一：与职业人物对话

请同学们利用周末或假期选定几位不同职位的从业人员，访问他们，以获得更准确、更具参考性的信息。下面是访问的有关问题，供同学们参考。

（1）从业需要哪些个人基本资料（学历、工作经验）。

（2）从事该行业的人主要在做什么。

（3）工作地点在哪里。

（4）他们使用哪些工具。

（5）工作场所性质有何特征。

（6）有哪些相关行业。

（7）需要接受哪些训练。

（8）需要哪些特殊的资格或者培训。

（9）需要具有哪些个人的特质。

（10）学校中的哪些课程会对从事该行业有帮助。

（11）该行业薪资如何。

（12）从事该行业的人们对其从事的工作的满意及不满意之处。

（13）人才供需状况。

（14）科技或任何变动对该行业的影响。

（15）该行业是否有任何季节性或地理位置的限制。

（16）该行业有何困难，未来前景如何。

将收集到的资料记录下来，并进行分析，看看你发现了什么？与之前你的了解有什么区别？对你未来的职业选择有帮助吗？请认真填写《访谈职业人物总结表》。

访谈职业人物总结表

访谈者：		生涯人物：	
访谈时间：		访谈地点：	
访谈方式：		是否录音：	
生涯人物基本信息	行业		
	单位		
	职业		
访谈提纲（访谈问题）	1		
	2		
	3		
	4		
	5		
	6		
	7		
	8		
	9		
	10		
访谈总结			

之二：阅读人物传记

人物传记是我们了解职业的很好途径。利用周末去一趟书店或图书馆，结合自己未来希望从事的职业，到陈列人物传记的书架前找几本人物传记阅读，然后填写下面的表格。

前往日期		陪同人员	
书店/图书馆名称		所在地点	
传记名称		主人公简介	
获取的职业信息			
感受与反思			

第三节　搞好职业选择

一个人生命中最大的幸运，莫过于在他的人生中途，即在他年富力强时发现了自己生活的使命。——斯蒂芬·茨威格

生涯认知

成功创业者六大特征：眼光远大、追求自我发展；乐于承担风险、迎接挑战；吃苦耐劳、勤奋忘我；头脑灵活、关心政治；具有超前的战略眼光；具有超前的自信和执着。

一、职业选择的五个步骤

1. 自我认识。学生利用霍兰德职业兴趣测试表等进行自我测评，了解自己的职业兴趣、个人爱好、能力特长等，全面认识自我。

一是指导学生分析职业兴趣。国内外的专家对职业兴趣进行过深入研究，形成了不同的理论体系。其中，霍兰德职业兴趣理论社会认可度比较高。美国职业指导专家霍兰德指出，职业兴趣分为现实型（Realistic）、研究型（Investigative）、艺术型（Artistic）、社会型（Social）、企业型（Enterprising）、常规型（Conventional）六个类型。

二是指导学生分析个人爱好。个人爱好是影响职业选择的重要因素。学生的个人爱好和职业的匹配度将影响其工作的提升空间、幸福程度。选择职业时，学生要充分考虑自己的爱好，避免将来因为"不喜欢这个工作"而陷入两难的境地。

三是指导学生分析能力特长。一个人擅长什么，影响甚至决定了他适合什么样的职业以及从事该职业有多大发展空间。在分析个人能力的时候，学生要结

合自己擅长的学科来考量。比如，擅长数学的人，也许比较适合从事会计工作。

2. 职业认知。教师引导学生了解现有的职业，对尽可能多的职业进行考察、研究，判定其所具备的职业特征，判断某职业属于哪种职业兴趣类别。让学生确定10—20种可能适合自己的职业，研究这些职业各方面的信息。

3. 分析职业匹配度。教师引导学生将测评结果和职业对应起来，分析职业匹配度，判断某职业是否与自身的职业兴趣、个人爱好、能力特长相符或相近。如果从业人员的自身情况与职业类别相匹配，他就能够从工作中获得成就感和幸福感。

4. 综合分析。教师引导学生结合外部因素，如社会职业需求、职业发展前景、获得成功的可能性、自身的家庭环境等，进行综合分析。

5. 职业选择。教师引导学生在前期自我测评、自我评估的基础上，综合各方面因素，选出最适合自己的职业。

二、树立正确的、适合自己的个人职业观

1. 处理好职业与金钱的关系。金钱是一种成就的报酬，它是在确定职业价值观时首先要面对的问题。有些经济条件不太好的大学毕业生在求职时，会将金钱作为首选价值观，从根本上讲这并没有错。但是对于一些人来说，现在拥有的知识、能力、经验和阅历还不足以使其一走上社会就获得大量金钱回报。怀有一夜暴富的心理是不正常的，更是危险的，容易被社会上的不法分子利用，甚至误入歧途。特别是面对严峻的就业形势，更应理性地降低对金钱的期望值，把眼光放远一些，应尽可能地将自我成长和自我实现作为毕业求职时的首选价值观。

2. 处理好职业与个人兴趣和特长的关系。职业价值观、个人兴趣和特长是人们在择业时需要考虑的最重要的三个因素。在确定价值观时，一定要考虑它是否与自己的兴趣和特长相适应。据调查，如果从事自己不喜欢的工作，有80%的人难以在他选择的职业上成功；而如果选择了自己喜欢的工作，则可以充分激发人的潜能，获得职业发展的原动力。此外，选择一项自己擅长的工作，也会事半功倍。

3. 处理好职业的排序与取舍的问题。职业价值观的特性决定人们不会只有唯一的职业价值观，人性的本能也会驱使人们希望什么都能得到，但在现实生活中鱼和熊掌不可兼得。在职业选择中，人们往往不能理性对待。既然是选择，就要付出代价，只有舍才能得。所以，要对自己的职业价值观进行排序，

规划让生命更精彩

找出你认为最重要、次重要的方面，并提醒自己不可能什么都能得到。否则就会患得患失，终其一生也不清楚自己到底想要什么，更谈不上职业生涯的成功和对社会的贡献。

4. 处理好职业价值观中个人和家庭的关系。家是人的港湾，个人要平衡好工作和家庭的关系。如果要得到生活的平衡，不妨认真思考一下，对于自己来说什么是最重要的，自己所追求的最高目标是什么，如何才能使自己感到幸福。根据事情的重要程度列一张清单，要做的是处理列在最前边的事情。当然，与家人良好的沟通可以让家人更多地了解你，理解你，支持你。

5. 处理好职业价值观中个人与社会的关系。人不能离开社会而独立存在，个人只有在工作中为社会做贡献才能实现自己的职业价值。当然，我们并不是说要忽略择业中的个人因素，只去尽社会责任，这样不但不利于个人，也是社会的损失。例如，让一个富于科学创造力、不善言辞的学者去从事普通的教师工作，可能会使国家损失一项重大的发明，而社会不过多了一个也许并不出色的老师。我们反对的是只为个人考虑、毫不考虑国家和社会需要的职业价值观。

6. 处理好职业价值观中个人和用人单位的关系。我们要充分了解用人单位的价值观，思考自己职业价值观与企业价值观是否匹配。个人的价值观与所属企业价值观的匹配度越高，个人的发展越充分，个人在企业中发挥的作用也就越大，个人的发展也更能推动企业的发展。

7. 处理好淡泊名利与追逐名利的关系。当一个人有了名利才有资格去谈淡泊，没有名利说淡泊那叫"吃不到葡萄说葡萄酸"。名利是人的欲望使然，欲望可以使人成就大的事业，也可使人自我毁灭。以合理、合法、公正、公平的方式追逐名利在一定程度上对个人对社会都会有益，但它需要一定的度，该知足时知足，该进取时进取。

生涯探索

之一：撰写《我的未来职业考察报告》

我的理想职业是什么？
这个职业的工作内容是什么？
这个职业要求具备哪些知识、技能和能力？

我是否擅长这些知识、技能和能力？还需要提高哪些知识、技能和能力？怎样提高这些知识、技能和能力？
这个职业的待遇怎么样？
这个职业的工作环境如何？工作地点在哪里？
目前社会提供这个职业的机会有多少？在哪里可以找到这样的职业？
这个职业的发展前景如何？
这个职业对身体是否有特殊要求？我是否能满足这些要求？
这个职业是否适合我的兴趣爱好和价值观？
大学里什么专业与这个职业有关？
在高中阶段，需要选考哪些科目、参加哪些实践活动才能完成今后的职业梦想？
这个行业的领军人物是谁？
这个职业的知名企业有哪些？

之二：了解家族成员的职业情况

每一种合法的职业都是神圣的、值得尊敬的。请采访家族成员，了解他们所从事的职业，完成下列题目。

1. 你观察到家族成员从事的职业有何特点？

（1）大部分男性成员从事 _____，大部分女性成员从事 _____。他们是通过 _____（途径）进入这些行业的。

（2）他们在选择职业时特别看中的职业条件是：_____。

（3）他们从事的职业与所学专业的一致程度：_____。

（4）其他特点：_____。

2. 谁的职业最受家族成员尊重？这份职业为什么能如此受尊重？

3. 家族成员中哪些人很喜欢自己的工作，和你谈起工作时常常眉飞色舞、一脸自豪？他（她）从事什么职业，处于什么职位？

4. 假如你可以有一天时间体验家族中某一成员的工作和生活，你会选择谁的工作，为什么？

5. 家族主要成员是如何安排他们的学习、工作与休闲时间的？你如何看待这样的安排？

6. 家族成员认为职业与专业、职业与学科有什么关联？

7. 此次调查，谁最认真回答你的提问，给你提供了最多的信息？他（她）从事什么职业？

8. 如果你没有搜集到以上问题的答案，你认为主要原因是什么？

之三：畅想20年后我的职业状态

畅想未来的职业状态，开始职业探索之旅，也给自己定下努力的方向，有方向有目标，才有行动的动力。

1.你选择的行业或职业	
2.你的工作对象	人（　　）物（　　）
3.你的工作团队伙伴	人（　　）人工智能（　　）物（　　）
4.你的工作环境	室内（　　）室外（　　） 舒适程度1—10分，10分最舒适（　　） 危险程度1—10分，10分最危险（　　）
5.你的工作内容	
6.你的职位	
7.你的月收入（以现有的消费水平为准）	

8.你的出差情况	出差次数：基本无须出差（　　） 一年1—2次（　　） 每季度1—2次（　　） 每月1—2次（　　） 每周1—2次（　　） 更多（　　） 出差地点：省内居多（　　） 国内省外居多（　　） 国外居多（　　）
9.你获得的行业荣誉	
10.你的晋升空间	
11.社会对你的职业的尊重和认同程度	
12.胜任你的职业需要具备的能力	
13.你觉得现在所学的哪些科目在你未来的职业中可能发挥的作用比较大（可多选）	语文（　　）数学（　　）英语（　　）物理（　　）化学（　　）生物（　　）历史（　　）地理（　　）政治（　　）音乐（　　）美术（　　）信息技术（　　）心理健康（　　）体育（　　）通用技术（　　）其他（　　）
14.其他	

生涯拓展

社会认可的职业道德要求

《公民道德建设实施纲要》中提出了职业道德的五个要求，即爱岗敬业、诚实守信、办事公道、服务群众、奉献社会。在职场中可以体现在以下几方面。

1. 敬业。敬业是一切职业道德基本规范的基础，也是做好本职工作的重要前提和可靠保障。敬业精神是个体以明确的目标选择，忘我投入的志趣，认真负责的态度，从事职业活动时表现出的个人品质。敬业是从业人员在职场立足的基础，是从业人员事业成功的保证。

2. 诚信。诚信的本质内涵是真实、守诺、信任，即尊重实情、有约必履、有诺必践、言行一致、赢得信任。诚信是个人职业生涯的生存力和发展力。

3. 纪律。职业纪律包括政府令、条例、制度、规定、公约、守则、管理办法、规程等；包括某一企业根据自身实际所制订的企业制度、规定、守则、要求、操作规程等。遵守职业纪律包括遵守劳动纪律、财经纪律、保密纪律等。遵守职业纪律关系到员工个人事业的成功与发展。

4. 合作。团队合作精神对于一个企业而言，是推动经济发展不可或缺的关键。合作是企业生产经营顺利实施的内在要求，是打造优秀团队的有效途径。

5. 奉献。奉献是企业健康发展的保障，是从业人员履行职业责任的必经之路。奉献是从业人员实现职业理想的途径，是一种最高层次的职业道德。

知识链接

中华人民共和国医学生誓言

健康所系，性命相托。

当我步入神圣医学学府的时刻，谨庄严宣誓：

我志愿献身医学，热爱祖国，忠于人民，恪守医德，尊师守纪，刻苦钻研，孜孜不倦，精益求精，全面发展。

我决心竭尽全力除人类之病痛，助健康之完美，维护医术的圣洁和荣誉，救死扶伤，不辞艰辛，执着追求，为祖国医药卫生事业的发展和人类身心健康奋斗终生！

人民教师誓词（征求意见稿）

我志愿成为一名人民教师，忠诚党的教育事业，遵守教育法律法规，履行教书育人职责，引领学生健康成长，做到有理想信念、有道德情操、有扎实学识、有仁爱之心，为教育发展、国家繁荣和民族振兴努力奋斗！

律师宣誓规则

我宣誓：我是中华人民共和国律师，忠于宪法，忠于祖国，忠于人民，维护当事人合法权益，维护法律正确实施，维护社会公平正义，恪尽职责，勤勉敬业，为建设社会主义法治国家努力奋斗！

职业的相关知识

一、职业素养的内涵及培养

职业的出现是人类社会发展到一定阶段的产物，是因人们分门别类生产作业而形成的。职业反映社会需求，只要有需求，就会有人做，就会有一个门类的职业诞生。职业把行业的社会属性与个人的个性和专业能力有机地结合起来，从而形成了既反映行业特点，又反映专业要求明确细化的有机链条。职业的这一属性把社会需求与个性能力很好地对接起来。

在现实生活中，我们时常发现这样一些现象：对待一份工作，有的人会全身心投入，有的人却得过且过；有的人干脆利索，有的人却拖拖拉拉；有的人扎实稳重，有的人却急躁马虎；有的人技术高超，有的人却滥竽充数。我们常常会把这些差异与一个词联系起来，那就是"职业素养"。

职业素养是指从业者在一定生理和心理条件基础上，通过教育培训、职业实践、自我磨炼等途径形成和发展起来的，在职业活动中起决定性作用的、内在的、相对稳定的基本品质。

二、现代企业对职业素养的要求

华为技术有限公司	专业的知识、解决问题的能力、正直谦逊、勇于承担责任、自我克制、良好形象……
IBM（国际商业机器公司）	品德优秀、逻辑分析能力、学习能力、环境适应与应变能力、团队协作能力、创新能力……

不同的企业对职业素养要求的表述虽不尽相同，但聚焦点都是职业信念、职业知识与技能、身体心理素质等核心内容。

职业信念包括良好的职业道德、正面积极的职业心态和正确的职业价值观意识，这些是一个成功的职业人士必须具备的核心素养。良好的职业信念应该是由爱国、守法、爱岗、敬业、忠诚、奉献、正面、乐观、用心、创新、合作等关键词组成。

职业知识与技能是做好一份职业应该具备的专业知识和能力。俗话说"三百六十行，行行出状元"，但如果没有过硬的专业知识，没有精湛的职业技能，就无法把一件事情做好，更不可能成为"状元"了。

身体心理素质是指从业者身体各器官的机能、个性心理品质的状态和水平，是职业素养的载体，具体表现为健康的体魄和健全的心理。其中，健康的体魄表现为体格强健、身体健康、动作协调；健全的心理主要表现为能力齐备、情感健康、意志坚强。

工匠精神是制造业职业精神的体现，是在中华文明传承过程中历经千年而不朽的民族精神，它的内涵早已超越了制造手艺提升与传承，实质是一种对产品不断追求、精益求精的制造信仰。它是平凡人在平凡的岗位上都可以具有的优秀品质。

三、职业素养的培养

1. 学习有关职业素养方面的知识。知识是素养形成和提高的基础，素养是知识内化和升华的结果。只有丰富的知识并不等于具有较高的素质，但如果没有知识作为基础，素质的养成和提高就不具有必然性和目标性。因此，我们一定要重视有关职业素养方面知识的学习。首先，我们要充分认识提升职业素养对职业生涯成功的重要意义。其次，我们要了解职业素养的构成要素有哪些，了解各个要素的含义，培养的标准是什么以及培养的路径有哪些。最后，结合自己所感兴趣的专业和其他实际情况进行有针对性的完善和补充。

2. 积极参加学校各级学生会、社团等组织的活动。学校的团委、学生会及各类社团经常会组织丰富多彩的文化体育活动，积极参加这些活动，不但可以提升我们的思想素养，增强集体观念、组织观念和效率观念，还能培养团队合作能力。担任学生干部可以培养工作的能力、宽广的胸怀、进取的勇气，形成吃苦耐劳、勇于负责的作风。总之，积极参加学校的各种活动是提升综合素养的一个重要途径。

3. 利用假期、实习期，走向社会进行实践。参加社会实践是提高职业素养的重要途径。我们可以利用周末、"五一"假期、"十一"假期和寒暑假走向社会进行社会实践，了解社会，了解各种企业对从业者的要求，为以后顺利走向社会、走向工作岗位奠定基础。

四、职业决策的七个步骤

克朗伯兹提出了进行职业决策的模式，他认为在进行个人职业决策时应采取八个步骤。而后又对此模式进行了修正，修正后的职业决策模式分为七个步骤。

1. 界定问题。厘清自己的需求和个人限制，明确自己想要什么，自己对此存在哪些优势与不足，描述必须完成的决策。

2. 拟订行动计划。在明确自己的需求和目标的基础上，描述决策所需采取的行动，思考可能达到目标的各种行动方案，并规划达成目标的过程，制订出明确的目标和实现目标的时间表。

3. 澄清价值。界定个人的选择标准，即明确自己最想要的是什么，作为评量各项方案的依据。

4. 找到可能的选择。搜集资料，描述可能做出的选择，确认选择方案和方法。

5. 评价各种可能的选择。依据所定的选择标准和评分标准，逐一评价各种可能的选择，找出可能的结果。

6. 系统地删除。比较各种可能选择方案，选择符合价值标准的情况，有系统地删除不合适的方案，挑选最合适的选择。

7. 开始行动。界定将如何采取行动以达成选定的目标。

第五章 体验学习

让体验成为学习和发展的源泉。
——美国社会心理学家、教育家、体验学习大师　大卫·库伯

第一节　关于体验式学习

生涯认知

在体验式学习中，学习首先是学生在某种特定的情境中，通过亲身经历和反思内省，不断提升自我概念和行动应用能力，并形成积极的情感、态度和价值观的过程。

大卫·库伯将人的学习过程描绘成四个阶段的循环延续，即具体体验、反思观察、抽象概括和行动应用。

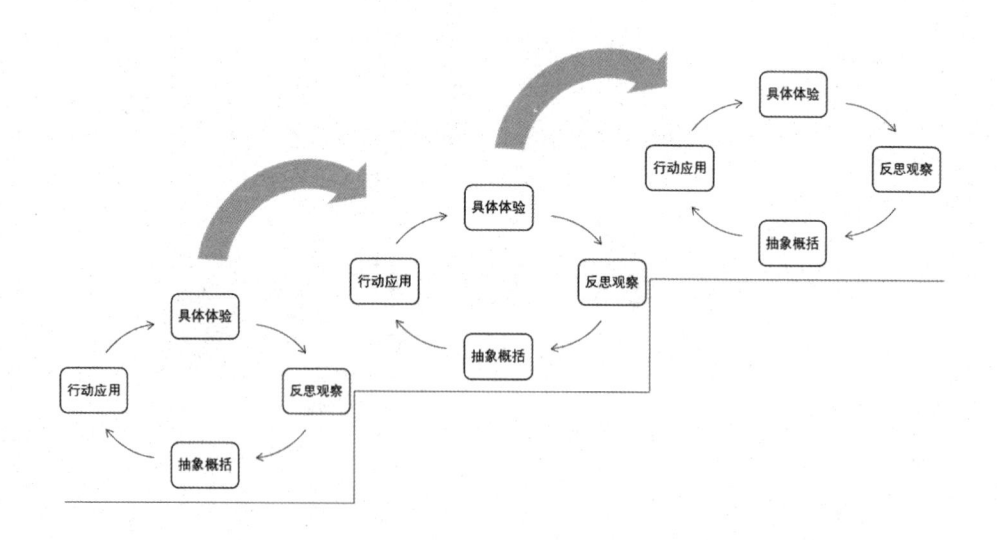

大卫·库伯的"体验式学习圈"

一、体验式学习与传统式学习对比

基本元素	体验式学习	传统式学习
学习内容	实时的感觉：内容和过程	过去的知识：内容为本
学习单元	团队或个人学习	个人自主学习
学习重点	关注态度、观念、能力学习。	注重知识、技能学习。
学习者角色	投入、参与、互动，学习者主动参与互动。	听、记、考试，学习者被动而非主动。
学习主体	教师与学习者，且以学习者为主。	教师
学习特色	个性化、现实化。	标准化、理论化。
学习环境	轻松、不重视身份、鼓励、非固定化。	限制性、强调身份、固定化。
学习过程	提供体验环境、具有高峰体验。	单向沟通、单一刺激。
学习态度	接纳、欢迎、尊重、诚实；学生不仅帮助自己还帮助别人。	比较倾向于追求个人名次和分数；学生比较注重个人发展。
学习效果	素质培养，提升能力，学以致用，迎接挑战，自信心较强，从经验中得来的知识不容易被遗忘，在解决问题上较主动。	学用容易脱节；从课本和课堂中获得的知识容易被遗忘；与社会没有那么多直接接触，遇到问题时，习惯理由化和合理化，在解决问题上较被动。
教育方式	引导式教育	指导式教育
教育理念	授人以渔	授人以鱼

二、职业体验

《中小学综合实践活动课程指导纲要》明确指出："职业体验指学生在实际工作岗位上或模拟情境中见习、实习，体认职业角色的过程，如军训、学工、学农等，它注重让学生获得对职业生活的真切理解，发现自己的专长，培养职业兴趣，形成正确的劳动观念和人生志向，提升生涯规划能力。职业体验的关键要素包括：选择或设计职业情境；实际岗位演练；总结、反思和交流经历过程；概括提炼经验，行动应用。"

职业体验实施方法表

步骤	实施方法
1.分析自身	学生分析自己的兴趣、特长及职业可能。
2.选择职业	学生结合自身特点、社会环境、就业环境等因素,确定自身的职业可能和职业倾向,有针对性地选择职业体验对象。
3.筛选企业	教师根据学生选择的职业,筛选出此职业中具有代表性的企业,并及时与企业负责人进行沟通。
4.制订计划	教师制订职业体验的具体计划,设计职业体验任务书。职业体验任务书要明确带队教师的职责、学生的体验任务、具体实施方案等。
5.参与活动	教师将学生按照职业倾向分组。学生参与职业体验活动:参观工作场所、参与日常工作、聆听职业讲座、进行职业访谈、观看职业视频、参与职业培训、参加职业比赛等。
6.安排体验周	教师安排生涯职业体验周。带队教师通过走访,对学生进行指导、管理。带队教师通过职业体验日记、职业体验总结等渠道,及时了解学生的职业体验情况。
7.反思感悟	教师和学生结合实践活动,罗列出职业体验的困惑和疑问。
8.撰写心得	职业体验结束后,学生需提交职业体验单位鉴定表,详细地写出职业体验的收获和不足,最好制订解决职业困惑的具体方案。
9.交流分享	教师邀请学生分享感悟。随后,教师把学生分成小组,让学生在小组内交流职业体验的收获和困惑。教师观察并记录学生职业意识和观念的转变。
10.调整自身	学生调整自身的学习状态,以提高自身与职业的匹配度。

三、学生职业体验学习活动的种类

1. 参观工作场所。通过参观工作场所,学生可以了解该企业的文化底蕴、价值导向、硬件设施、工作氛围等,从而对该职业有个总体认识。

2. 参与日常工作。学生可以进行为期几天的职业体验,在亲手操作、亲身体验的过程中,学生可以获得真实的职业感悟,知道该职业的具体要求和发展前景。

3. 聆听职业讲座。教师可以邀请一些企业负责人进行系列职业讲座,讲解相关职业的具体工作要求;还可以邀请企业内部的一些优秀员工代表,来谈谈他们的职业心得和体悟。

4. 进行职业访谈。职业访谈是指学生通过与一定数量的职场人士会谈而获得关于某个行业、职业和单位相关信息的一种职业探索行为。通过访谈，学生可以直接与从业人员交流，获得第一手资料。

5. 观看职业视频。教师收集视频素材，组织学生在特定的时间观看。这可以突破职业体验的时空限制，让学生对某个职业有较全面和深入的认识。

6. 参与职业培训。学生还可以参与企业的员工培训，以了解该职业的其他情况。

职业体验任务书

学校		总人数		时间	
组别1	体验单位				
	体验人数				
	体验内容				
	带队教师				
组别2	体验单位				
	体验人数				
	体验内容				
	带队教师				
组别3	体验单位				
	体验人数				
	体验内容				
	带队教师				
组别4	体验单位				
	体验人数				
	体验内容				
	带队教师				
实施计划					
任务要求					
注意事项					

职业体验日记

姓名		组别		时间	
今天发生了什么?					
今天有什么收获?					
今天有什么困惑?					
如何解决?					

职业体验单位鉴定表

体验单位		体验者	
体验时间		体验职业	

带队教师评语	
体验单位评语	
体验者自评	
存在的问题和改进建议	

第二节 校园实践

生涯认知

发展学生的个性与兴趣，体验职业，需要中学生在日常生活中多锻炼，多参加各类活动，这样才能拓展自己的能力，提升自身素养。高中生主要活动在校园中，利用校园资源进行实践拓展是不错的选择。

一、学生会竞选

高中学生如果有可能，每个人都应参加一次学校的学生会竞选。不是因为现在的自主招生要考察学生的表达能力、组织能力，而是因为参加学生会竞选是非常好的锻炼机会，能够在同学面前展示自己，打动同学们，让他们投自己一票，这对提升自己的表达能力、自信心、影响力很有帮助。如今有不少同学不善于表达，不善于沟通，不能站在别人的立场考虑问题。如果能参加学校学生会竞选，或许有些同学考虑问题的方式就会发生变化，会学着站在同学立场想问题。同时，竞选演讲还可以增强同学们面对公众讲话的勇气。

与过去不少家长担心孩子当班干部会影响学习不同，现在越来越多的家长和学生已经认识到参加学生工作的重要性。但是，随着这种认识的出现，也出现了新的问题。有的学生用欠妥的手段谋求学生干部位置。还有的同学把学生干部当作"官"，当作资本，认为自己当选学生会主席会为今后升学增加一个砝码，自视高同学一等。这对学生来说是有害的。竞选学生干部，需要同学们树立公平竞争的意识。担任学生干部，要有锻炼自己的规划，具体包括：培养一定的组织管理能力；培养为集体、同学服务的意识；培养工作责任心等。如果没有这样的规划，即便担任了学生会干部，也会因缺乏服务意识、责任心不强，而难以获得同学好评，其结果可能比不当还糟糕。

即使参加学生会竞选失败了，围绕这一目标努力的过程也是向同学们展示自己的过程，是提高自己的表达能力、沟通能力的过程。因此，高中生应该不要害怕失败，可以在学有余力的情况下大胆尝试。大家还可做这样的练习：假设自己参与学校学生会竞选，为竞选确定一个口号，并解释为何用这一口号，怎样实现它。

二、参与社团或俱乐部

中学现在也有越来越多的社团（或称作俱乐部），涉及学科学习、文艺、体育、兴趣爱好等多方面内容。社团或俱乐部是同学们进行自我教育和自我管理的天地。中学的社团，有的是老师倡导组织、学生参与形成的，有的是同学们自发创建的，这更能锻炼学生，实现自身价值。

在中学里，如果同学们能够有意识地去组织一些社团或俱乐部，开展一些有意义的活动，将是很好的自我教育与自我管理的方式。

俱乐部和社团可以分为以下类型：

一是学习型俱乐部（社团）。即围绕学科学习而组织的俱乐部（社团），主要是为提高学习兴趣服务，比如物理兴趣俱乐部、数学兴趣俱乐部等。还可以围绕高校自主招生成立高校自主招生俱乐部，可邀请一些有自主招生经验的人给同学们讲授自主招生知识，同学之间也可分享自己准备自主招生时的心得。

二是文体俱乐部（社团）。即围绕文体活动组织的俱乐部（社团），比如舞蹈社、戏剧社、篮球俱乐部、足球俱乐部、围棋俱乐部等。具体组建哪类俱乐部，要看学校的资源以及同学们的兴趣而定。有的学校是某些艺术或体育项目的传统强校，因此这方面的俱乐部少不了。近年来，一些新兴的俱乐部也随着艺术和体育的发展在中学中涌现，比如登山俱乐部、极限探索俱乐部等。

三是兴趣爱好俱乐部（社团）。即一些有共同业余爱好的同学组建的俱乐部（社团），比如旅游俱乐部就是旅游爱好者的家园。兴趣爱好俱乐部的组建要符合中学生的身心特点，积极向上、自信阳光是基本的准则。

开展俱乐部和社团活动，不能急功近利，追求功利回报，否则越着急可能就越是难有回报。只有乐于付出、积极参与，能力的提升才会在不经意间实现。

生涯探索

之一：校内生涯体验活动

校内生涯体验活动表

形式	主要内容
主题班会	目标管理、选考科目、志愿选择、经验交流（大学生活、工作状态、技能培养等）、生涯计划等。
讲座	学生层面：系统测评、报告解读、经验交流、选考科目指导、志愿填报指导、实习经验总结、生涯目标确定、生涯计划实施等。 教师层面：理念普及、学生情况分析、教法指导、生涯目标确定等。 家长层面：理念普及、选考科目、志愿选择等。
生涯查阅	依托学校机房或者图书馆，开设特定生涯信息查询课或阅读课，并举行小型研讨会和学习经验交流会。
校园活动	生涯规划大赛、创业设计大赛、演讲比赛、职业扮演、职业技能比赛、海报展览、生涯博览会、校园广播站等。
团体咨询	生涯问题团体辅导、工作坊等。
个体咨询	针对个体开展咨询。

之二：挑工作，看要求

所有人都要明白，在你挑工作的时候，工作也在挑你。你心目中对社团或学生会理想岗位的要求有哪些呢？同时，你也得接受具体工作岗位对你的要求。请你填写下表。

我的理想岗位清单

我对岗位的要求	岗位对我的要求
1.	1.
2.	2.
3.	3.
4.	4.
5.	5.

第三节 社会实践体验

生涯认知

高中生还应该进行一定程度的社会化活动,在参与社会实践的体验中不断充实自己。

社会为中学生提供的体验学习能力拓展平台有三种:一是志愿者行动与社区服务,二是参与职业技能培训,三是游学。

一、志愿者行动与社区服务

作为一名有责任心、有爱心的优秀学生,自觉参与社会志愿者行动与社区服务是情理之中的事。在国外大学的自主招生中,志愿者行动与社区服务是评价一名学生的重要方面。我国教育部门规定,要将中学生的志愿者行动和社区服务也纳入大学招生的综合素质评价体系之中。虽然究竟怎样纳入还没有明确的标准,但是这传递了一个信息——鼓励志愿者精神。其实,不管高考是否考查学生有志愿者行动和社区服务以及在志愿者服务中的表现,同学们都应该把参与志愿者服务作为中学学习生活的重要组成部分。生活中有很多地方需要志愿者的参与,包括大型运动会、公共场所的管理、不发达地区的教育、社区服务、老年人服务等。2008年的夏季奥运会、2022年冬季奥运会,志愿者都是整个活动的一道亮丽风景线。在2008年的奥运会闭幕式上,还有一个专门的环节——向志愿者致敬。从中我们也可看到志愿者的价值所在。

二、参与职业技能培训

中学生参加培训班一般有两个目的:一是提高学科成绩(针对学科培训);二是获得特长证书。高中学生有很强的参加学科竞赛的积极性,因为学

规划让生命更精彩

科竞赛成绩可以帮助他们获得自主招生的通行证，从而在自主招生中获得录取优惠。然而，很少有中学生想通过培训学习劳动技能，但其实劳动技能证书对中学生来说，可能比某些特长证书更有用。

同学们可能会问，我并不立即参加工作，且这种证书在高考和自主招生中又不加分，那么获得它对我有什么意义呢？

其实，无论从现实的升学角度，还是从生活教育角度以及职业发展角度来讲，中学生拥有劳动技能证书（与之对应的是劳动技能）都很重要。首先，随着多元评价体系的建立，大学会从更广的视角考察一个学生，如果你拥有某种劳动技能，虽然它不会直接助你加分，但可能会让面试考核老师对你刮目相看，认为你有较强的自主生活能力。其次，获得劳动技能证书，在一些发达国家可以被认同为相应的课程学分，也就是说，劳动技能学习的重要性并不低于学科知识的学习。如果从中学起就参加劳动技能培训，这样的同学在大学毕业时毫无疑问会受到社会的欢迎。最后，参加劳动技能培训，还可调节高中学习生活，相对于学科培训和竞赛培训让人没完没了地做题目，技能培训的形式和内容则可能会让同学们耳目一新。

随着社会的发展，在各类教育中都会出现一流学校。具有办学特色、在职业教育中做到顶尖的学校，其价值不低于一所大学，甚至可以与大学中的名校抢生源。在美国，一个成绩可以进哈佛大学的学生放弃哈佛而进一流的烹饪学校的情况并不鲜见。学生们能有这样的选择，首先与社会观念有关，劳动没有高低贵贱之分，社会对任何劳动都应给予尊重，即便有钱有势的家庭，也会为孩子做厨师而自豪，并不会强迫孩子选择大学，从事所谓的"风光职业"。其次也与具体的收入待遇有关，在意大利和澳大利亚，当一个大厨的收入相当可观，甚至超过大学教授的薪资水平，能成为一个大厨——特别是一个五星级宾馆的大厨，也是很了不起的事。

当然，这种观念在我国还没形成。随着社会的发展，人们的劳动价值观和职业选择观必然会发生变化。社会对人才的要求会逐渐从看学历转向看真实的能力，具有一技之长的人会比只有一纸证书的人更受欢迎。到时，技能证书可以帮助你找到工作，而学历证书则未必。

改变职业观念，需要同学们了解职业。为了了解社会职业，中学生要走出校园去体验不同的职业。

职业体验的方式包括：走访职场人士、做一天职业人、职业体验、职业实习等。其中，职业实习是最为深入的体验，但这需要学生具备从事具体岗位的能力。职业体验是指中学生到具体的工作环境中体验一段时间，从而感受一个职业的工作环境、工作状态，他不需要负责具体的工作，而是跟着带教老师观察职业，类似于记者做深度调查。做一天职业人，是短暂的职业体验，比如，做一天警察。职业走访则是对职业人进行访问，请他们谈谈对自己所从事职业的看法。

进行职业实习，可利用寒暑假寻找一个可实习一到两个月的机会，到某单位从事具体的工作，从中了解这一职业的特点以及作为一个职业人士所需要具备的素养。进行职业体验，可由学校、父母推荐，或自己联系一家单位，花一到两周时间去体验某一职业，在进行职业体验时，适当从事自己力所能及的事。比如到医院进行职业体验，学生肯定不能行医，但是可以帮助医生、护士处理一些事务。做一天职业人，则通过角色扮演，体验某一职业，可尝试做一天记者、一天警察、一天环卫工等。进行职业走访，需要事先确定走访的对象，列出采访提纲，在走访后，整理采访内容，写出对某一职业的具体感知。

如今，科研动手能力的培养已经引起同学们的关注。有的学校也组织了一些科研兴趣小组，让学生研究一些课题，比如当地的水污染情况、房地产市场情况、外来民工子女求学情况等，力图让同学们理论联系实际，将知识运用于实践，并借此机会去接触社会、了解社会。这种锻炼是很有必要的，但总体来看，学生参与面还很小，相关课题研究还不够深入。

三、游学拓展视野

游学就是到海外中学做交换生。在发达地区、大城市的中学里，游学的情况越来越多。

游学有几方面的好处：一是增长见识。因为走出国门，到其他国家短暂学习、生活，会增加阅历。二是可以提高语言能力。游学现在主要集中在以英语为母语的国家。吃住在当地的家庭里，你的外语语言能力将会有较大提高，而这一点是在国内环境中是无法与之相提并论的，说不定游学回国之后，你的口语就有了一些"地道"的味道。三是可以扩大交往圈。游学可以结识一批外国朋友，从不同的人身上学习到他们的优点，感受不同文化的魅力。

生涯探索

之一：开展校外生涯体验活动

校外生涯体验活动体验表

形式	主要内容
参观、实习	利用寒暑假或周末时间进入工厂、学校、医院、商业机构、企事业单位进行参观访问，简单实习，切身体验工作环境。
社会调查	可以是研究性学习，调查不同信息，撰写调查报告；或者是借助社团活动开展社会调查。
公共日	利用一些公共开放日（高校招生公开日、企业单位开放日等），组织学生进行相关探索。
体验	亲身体验工作内容，比如北京的欢乐之都青少年职业体验馆、杭州的嘟嘟城等。
生涯人物访谈	访谈后进行资料整理和讨论交流，留存资料可以作为以后的生涯教育参考资料。

之二：体验学习

自我评估表

职业了解项目	先在下方写出3个职业。进行自我评估，按1—10分打分。		
	职业1	职业2	职业3
职业所属行业			
社会大背景对该行业的影响			
该行业的发展前景			
该行业的发展困难			
该职业的人才供求状况			
职业中的具体职位			
通常的工作状态或具体情形			
该职业的薪资待遇			
该职业的工作地点、季节周期等。			
该职业的工作环境、工作时间等。			
该职业的发展路径			
现有从业者对该职业的满意度			
总分			

根据我现在的了解和评估，3个职业中相对较好的是：_____。

第六章 生涯关键能力储备

社会犹如一条船,每个人都要有掌舵的准备。

——易卜生

第一节 自我管理能力

生涯认知

每一个个体的生涯都需要管理，才能获得最佳程度的发展。生涯管理的价值在于：当你明确自己要什么、要到哪里去的时候，会整合各种内外资源，合理完善自己，开发自己的潜力，将行动锁定到实现目标的路线上来，在遇到困难时坚持住，并持续保持动力，最终一步步地靠近你的生涯目标。

高中时期主要任务是学习，是生活相对单纯的一个阶段。需要管理的内容主要是与职业生涯直接相关的目标管理、时间管理、精力管理等。围绕梦想目标，提前规划，做好管理，才能让自己更灵活地适应各种变化，更有效地创造自己的未来。

一、自我管理

所谓自我管理，就是个体对自己的目标、行为、资源等各方面表现进行有效管理，自己把自己组织起来，管理好自己的各项事务，约束自己、激励自己，从而实现个人的发展愿望，完成自我发展目标。

二、时间管理

时间管理是指利用一些技能或方法来完成明确的计划和任务，达到一定的目标。时间管理的内容主要包括：制订计划、设定目标、对花费的时间进行分析、记录时间的分配情况、确定事情完成的优先次序等。

时间管理的原则一般有：当天的事情当天完成；定时做计划；有用的东西定位放置；保持整洁，丢弃无用的东西要迅速、果断；学会说"不"；不做完美主义者。

三、精力管理

精力管理是人们高效做事的基础。人的精力是有限的，也是不断消耗的，上课、作业、运动、聊天等，每一件事情都会耗费我们的精力。精力就像电池一样，逐渐耗竭之后，需要适时充电。对应到我们的学习生活中，就是在"好好学习"的同时，要学会"好好休息"，保证自身充足的精力，才能更高效地解决学习中遇到的各种困难。

精力管理主要涉及我们身体的4种精力源：体能、情感、思维和意志。精力管理就是从这四个方面做好精力的补给与管理。

体能：体能是精力的主要来源，不仅是我们生命力的核心，还会连带影响着我们处理情绪、保持专注、进行创新思考的能力。呼吸、睡眠、饮食、锻炼都是影响体能的因素。

情感：为了在学习中达到投入的状态，我们必须调动积极愉悦的情绪，比如喜悦、挑战感等；同时尽力避免诸如恐惧、沮丧、愤怒和悲伤等消极情绪。

思维：是人在脑力层面的精力，主要来自积极的思维。它是指人既能客观认识世界，又能朝着目标努力，是一种乐观精神的体现。

意志：是我们为什么要坚持做一件事情的动力来源。激情、奉献、道德、自律都是我们意志精力的重要来源。按照自己的价值观生活的勇气和信念是补给精神能量的关键。

生涯探索

搞好时间管理

每天有1440分钟，每天我们都有自己该完成的任务。请你按照你自己的实际情况填写下表，看看你是怎么花掉这些时间的？哪些时间是合理的使用，哪些时间是无谓的浪费？

项目	目前花费时间	实际需要时间	可以节约多少时间
一日三餐			
学习			
运动			
睡眠			
聊天			
其他			
不知道			

生涯拓展

提高行动力

决定人生高度的不是制订多么完美的人生规划，而是即刻行动。那我们应该如何提高自己的行动力呢？

1. 离开舒适区。牢记心中的目标，不断寻求挑战来激励自己。避免自己成为温水中的青蛙。舒适区不是安乐窝，而应该是你心中准备迎接下次挑战之前刻意放松自己和恢复元气的地方，必要的时候，要尽力跳出舒适区。

2. 加强紧迫感。为想做的事情规定一个时限，然后马上着手去做，从一小步做起。过了那个时间节点，或许永远不会有机会去做。

3. 克服恐惧。战胜恐惧会增强自身对创造自己生活能力的信心。认清自己的恐惧，用行动而不是在想象中去克服它。

4. 直面困难。困难总是难免的。如果把困难看作对自己的诅咒，就很难在生活中找到动力。面对困难时要迎难而上，学会把握困难带来的机遇。

5. 远离诱惑。行动的时候，主动远离会对自己产生影响的诱惑，比如手机、电脑、电视剧、网络小说等。可以将它们设为达成一定目标后的小小奖励，而不能被诱惑所控制，失去对自己的控制。

6. 敢于犯错。不因害怕犯错，而不敢行动。有时候我们不做一件事，是因为我们没有把握做好。尽管去做，不要怕犯错，给自己一点自嘲式幽默，抱着一种打趣的心情来对待自己做不好的事情。

7. 积极思维。具有积极的行动思维，用精神胜利法安慰自己："再坚持一会儿，就能跑到终点。等我跑到终点，人们为我欢呼，家人也会为我自豪！"

想象行动带来的美好未来，继续咬牙坚持。

8. 积极暗示。心理暗示具有强大的精神力量，促使内心对成功产生强烈的渴望，从而在行动上受到鼓舞。时刻用最积极的信号暗示自己："我只要行动起来，问题就能解决！哪怕我每天只做一点点，问题也能减少一点点！"

对照查一查：

（1）对照上面8条，你现在最需要做的是哪几条？

（2）你还有哪些提高行动力的经验？

第二节 学习管理能力（学习力）

生涯认知

一、学习与学习力

学习是通过他人教授或自我体验获得知识和能力的个人进步和人类进化的过程。学习是人类的一种基本状态，我们无时无刻不在学习。人类有意识、有目的的系统学习让我们和动物有了本质的区别。当我们还是个婴儿的时候，我们要学习吃饭、走路和说话，这时候的学习主要是模仿行为。进入学生时代，人的大脑被迅速开发，开始接受知识和技能训练，养成一定的思维习惯和行为能力，开发潜能，领悟人生。进入社会，我们更要通过学习来获得谋生的本领，创造财富，实现人生价值。学习不仅让我们得以生存，更是开发了我们的主动性和创造力，丰富了我们的精神世界，帮助我们更好地追寻人生的幸福。

学习力是包括学习动力、学习态度、学习方法、学习效率、创新思维和创造能力的一个综合体。它是一种保证个体在各种不同的生存环境里持续发展、持续学习，并将学习内容转化为价值的能力。动力、毅力、能力是学习力的三个要素。

（1）学习动力，是指自觉的内在驱动力，主要包括学习需要、学习情感和学习兴趣。

（2）学习毅力，即学习意志，是指自觉地确定学习目标并支配其行为克服困难，实现预订学习目标的状态。它是学习行为的保持因素，是学习力中一个不可或缺的要素。

（3）学习能力，是指由学习动力、学习毅力直接驱动而产生的接受新知识、新信息并用所接受的知识和信息分析问题、认识问题、解决问题的智力，主要包括感知力、记忆力、思维力、想象力等。相对于学习而言，它是基础性智力，是产生学习力的基础因素。

学习的动力体现了学习的目标，学习的毅力反映了学习者的意志，学习的能力则来源于学习者掌握的知识及其在实践中的应用。只有同时具备了三要素，才能成为真正的学习力。将三者合为一体，才是真正地拥有了学习力。

二、学习力在新时代的作用

未来世界，从根本上说是人才的竞争，学习力是人才的核心竞争力之一。未来，知识更新速度将大大提高，学科的知识更新周期将缩短至2—3年。风起云涌的新科技革命和新经济的产生迅速切换和淘汰了传统产业。学习新的技能和方法来适应社会的改变，应对新的挑战，将是新时代的年轻人要面对的重要课题。

20世纪七八十年代，被《财富》杂志列为世界500强的大公司，在20年的时间里销声匿迹了三分之一，到20世纪末更是所剩无几，这一更新速度在未来的职业世界里会变得更快。企业若不与时俱进，便会被时代抛弃。企业如此，人也一样，若不保持旺盛的学习力，必然不能跟上快速发展的时代。在新的时代，任何个人的生存和发展，都必须以"善于学习"为出发点和落脚点。

生涯探索

之一：我为什么要学习？

同学们，请你静下心来，认真思考一下：你为什么要学习呢？

是为了考大学、找工作吗？是因为父母和老师的要求吗？是因为你真的喜欢学习吗？还是其他原因？学习对于你来说是"要我学"还是"我要学"？先问问自己，再和周围人讨论一下，然后在下列表格中写下四个最重要的答案。

我学习，是因为：

（1）
（2）
（3）
（4）

之二：测测自我学习风格

学习风格对于学习质量、学习效率有很大的影响。在学习过程中，不同的人有不同的学习风格，有的人喜欢用耳朵听，有的人喜欢用眼睛看，有的人喜欢动手操作。

请认真阅读表格内容，并完成下列题目，其中符合你实际情况的记1分，不符合的记0分。

学习风格检测表

序号	题目	得分
1	背课文时，写下来比读出声更让我记得住。	
2	我可以只通过听歌而不看歌词学会一首新歌。	
3	剧情缓和的电影令我感到放松。	
4	我擅长分辨各种颜色。	
5	当听到一个不太熟悉的朋友姓名时，我会先想起他的声音。	
6	我通常通过泡热水澡来消除紧张。	
7	我习惯用文字或图画来解决问题。	
8	我习惯用谈话的方式来说明事情。	
9	我习惯通过动手操作来学习新事物。	
10	上课时，我需要老师把重点写在黑板上，这样我才有印象。	
11	读书时我会受到说话声、噪声或电视声干扰。	
12	长时间和人群相处会让我精神紧张。	
13	我习惯将书桌上的物品摆放整齐。	
14	有空时我会选择欣赏（听）音乐。	
15	我习惯穿宽松舒适的衣服。	

视觉型：把1、3、4、7、10、13的得分相加，总分为_____分。
听觉型：把2、5、8、11、14的得分相加，总分为_____分。
触觉型：把6、9、12、15的得分相加，总分为_____分。
解读：分数最高的类型就是你所倾向的学习风格，如果你在两种或三种类型上的得分持平或基本持平，说明你的学习风格是属于综合型的。

针对不同的学习风格，你可以使用不同的学习方法来提高自己的学习效率（见下表）。

不同类型学习风格的学习方法对照表

类型	人群占比	学习特点	学习秘籍
听觉型	15%	学习时以听为主，说话时语速较慢。他们喜欢待在安静的环境之中，不喜欢吵闹。这类人的语言表达能力强，喜欢听故事，喜欢音乐、戏剧及有表现力的活动，听觉灵敏，注意力容易分散。	背书时大声朗读则事半功倍。善用教学音频，或把画面资料转化成音频资料进行播放，让耳朵便于吸收。
视觉型	80%	他们上课时多数会紧盯着老师，对自己看过的事物记忆深刻。能认真复习、写作业，喜欢阅读、看影视作品、关注图片表格信息，平时注重外表，着装时注意色彩搭配和谐。	可以用不同色笔或标记画重点。将听到的重点尽快转换成文字或图表。勤动手、勤整理笔记。善用教学录影带等视听媒介。
触觉型	5%	强迫他们安安静静上课，会使他们感到无聊、乏味。他们喜欢与别人近距离接触，身体语言较多，喜欢运动及动态活动，具有创造性，学习时需要亲身参与。	利用各种感官，如嗅觉、味觉、触觉去认识新事物。记课堂笔记，反复用纸笔演练，做各种实验，或者进行角色扮演等。

生涯拓展

一、艾宾浩斯记忆学习法

德国心理学家艾宾浩斯研究发现，遗忘在学习之后立即开始，而且遗忘的进程并不是均匀的。最初的遗忘速度很快，以后逐渐缓慢。学习1小时后，测试者只能回忆起44.2%的内容；一天后，就只剩下原来的33.7%；6天后下降到25.4%；一个月后剩下21.1%。他根据实验的结果绘成描述遗忘进程的曲线，即著名的艾宾浩斯遗忘曲线。

艾宾浩斯遗忘曲线记录表

时间间隔	记忆量
刚刚记忆完毕	100%
20分钟之后	58.2%
1小时之后	44.2%
8—9个小时后	35.8%
1天后	33.7%
2天后	27.8%
6天后	25.4%
1个月后	21.1%

遵循艾宾浩斯遗忘曲线所揭示的记忆规律，对所学知识及时进行复习，这种记忆方法即为艾宾浩斯记忆法。具体来说，可以分为以下几种方法。

（1）及时复习，抓住记忆的最好时机。在遗忘开始前就进行复习，而不是等到遗忘得差不多了再进行复习。

（2）定期复习，即对自己所学的课程、知识制订复习与自测计划，然后按时执行。

（3）随时测验，即随时随地测验自己。利用零碎的时间，在合适的场合进行测验，可事先准备一些小卡片，记录下想测验的问题。

（4）过度学习。对于必须牢记的基础知识，可以进行适当的过度学习。过度学习是相对适度学习来说的。适度学习是指在识记资料刚刚达到能够背诵程度就中止了的学习。而过度学习是指记忆一种资料或复习超过恰能背诵的熟练程度，在学习量上比适度学习多50%，是识记和保持记忆效果最好的一种学习方式。例如，背诵一篇课文，读10遍达到熟练程度，就再读5遍。

二、西蒙学习法

西蒙学习法是诺贝尔经济学奖获得者西蒙教授提出的一个理论："对于一个有一定基础的人来说，只要真正肯下功夫，在6个月内就可以掌握任何一门学问。"西蒙教授立论所依据的实验心理的研究成果表明：一个人1分钟到1分半钟可以记忆一个信息，心理学把这样一个信息称为"块"。估计每一门学问所包含的信息量大约是5万"块"，如果1分钟能记忆1"块"，那么5万"块"大约需要1000个小时，以每星期学习40小时计算，要掌握一门学问大约需要6个月。

西蒙学习法的核心是：持续（连续性的时间投入）、专注（精神集中）和目标单一（以某一技能提升为目标）。正如居里夫人所说："知识的专一性像锥尖，精力的集中好比是锥子的作用力，时间的连续性好比是不停顿地使锥子往前钻进。"西蒙学习法所支配的学习活动，呈现出一种尖锐猛烈、持续不断的态势。

这种"锥形学习法"的高效原理在于，连续的长时间学习本身包含对之前学习内容的应用，这样就省去了大量的复习时间。如果用烧水来做比喻，"锥形学习法"是连续的加热，所以热量散失得少；普通的间断学习是烧一会儿就停止加热，一段时间以后再继续加热，这样许多热量就白白散失了。以烧水为例，烧一壶开水，如果断断续续地烧，有可能1万个小时也烧不开；如果连续烧，可能5—10分钟就烧开了。

第三节　创新能力

生涯认知

一、创新能力及特征

创新能力是指产生新思想，发现和创造新事物的能力，是成功地完成某种创造性活动所必需的心理品质。创造力的主要内容是发散思维，即无定向、无约束地由已知探索未知的思维方式。

创新能力与一般能力的区别在于它的新颖性和适用性。新颖性意味着能别出心裁地做出前人未曾做过的事。适用性意味着创造的结果或产品具有实用价值或学术价值、道德价值、审美价值等。鲁班发明了砍伐树木的锯子，居里夫人第一次将放射性同位素用于治疗癌症，马云开创的电商模式彻底改变了国人的消费方式……这些创举都既有新颖性，又有适用性。

心理学研究表明，创新能力既非与生俱来，也不是少数尖子生所特有的。85%的创造力只需要具有中等或以上的智力。当然，创新能力并不是一蹴而就的，其产生往往需要经过一个长期的酝酿过程，然后以顿悟或灵感闪现的方式表现出来。

创新能力具有变通性、流畅性和独特性三个基本特征。

变通性是指随机应变，举一反三，对于同一问题情境，能从不同角度去考虑。面对问题"面粉能做什么"，有的人说能做面包、蛋糕和馒头，这些都只与食物的性质相关；有的人说能用来喂猪、调糨糊和呛人，这就不仅利用了面粉的食用功能，还利用了面粉的黏稠性和飘散性，显然第二种答案更有变通性。

流畅性指能够在较短的时间内表达出较多的观念，面对问题"给你100万元你能做什么"，5分钟内给出20个答案的人比5分钟内给出10个答案的人具有更好的流畅性。

独特性指对事物有独特见解，能打破常规，冲破常模，不受习惯思维及习惯势力所约束，这是鉴别一个人创造性高低的重要标志。比如对于"若干年后太阳枯竭导致地球人无法生存"的问题，大多数人会想到移民到其他星球，而《流浪地球》的作者刘慈欣提出了带着地球逃离太阳系的独特想法，这就打破了常规思维的束缚，更有创造力。

二、创新性人格特征

创新能力与人格特征也有密切关系，综合多人研究的结果表明，高创造力者具有如下明显特征：直率，坦白，自信，兴趣广泛，行为独立，反应敏捷，思辨严密，不拘小节，记忆力强，具有幽默感，工作效率高，喜欢研究抽象问题，社交能力强，个人抱负远大等。科学、文学和艺术领域无数创造者的事例表明，要保持长久的创造性，最需要的是面对困境迎难而上的勇气和坚持不懈的个性特征。

生涯探索

这是一份帮助你了解自己创造力的练习。在下面的题目中，请根据自己的实际情况和这些描述的符合程度，在相应的选项上打"√"。你的答案没有对错之分，请以读完每一道题目后的真实感觉作答。

创新性倾向测试表

序号	题目	完全不符合	部分符合	完全符合
1	在学校里，我喜欢试着对事情或问题做猜测，即使不一定都猜对也无所谓。			
2	我喜欢仔细观察我没有看过的东西，以了解详细的情形。			
3	我喜欢听变化多端和富有想象力的故事。			
4	画图时我喜欢临摹别人的作品。			
5	我喜欢利用旧报纸、旧日历以及旧罐头等废旧材料来做成各种好玩的东西。			
6	我喜欢幻想一些我想知道或想做的事。			

(续表)

序号	题目	完全不符合	部分符合	完全符合
7	如果事情不能一次完成，我会继续完成尝试，直到成功为止。			
8	做功课时我喜欢参考各种不同的资料，以便得到多方面的了解。			
9	我喜欢用相同的方法做事情，不喜欢去找其他新的方法。			
10	我喜欢探究事情的真假。			
11	我不喜欢做许多新鲜的事。			
12	我不喜欢交新朋友。			
13	我喜欢一些不会在我身上发生的事情。			
14	我会想象有一天能成为艺术家、音乐家或诗人。			
15	我会因为一些令人兴奋的念头而忘记了其他的事。			
16	我宁愿生活在太空站，也不喜欢生活在地球上。			
17	我认为所有的问题都有固定的答案。			
18	我喜欢与众不同的事情。			
19	我常常想知道别人正在做什么。			
20	我喜欢故事或电视节目所描写的事。			
21	我喜欢和朋友一起，和他们分享我的想法。			
22	如果一本故事书的最后一页被撕掉了，我会自己编造一个故事把结局补上去。			
23	我长大后想做一些别人从来没想过的事情。			
24	我认为尝试新的游戏和活动，是一件有趣的事。			
25	我不喜欢太多的规则限制。			
26	我喜欢解决问题，即使没有正确的答案也没关系。			
27	有许多事情我都很想亲自去尝试。			
28	我喜欢没有太多人知道的新歌。			
29	我喜欢在同学面前发表意见。			
30	当我读小说或看电视时，我喜欢把自己想象成故事里的人物。			

（续表）

序号	题目	完全不符合	部分符合	完全符合
31	我喜欢幻想200年前人类生活的情形。			
32	我常想自己编一首新歌。			
33	我喜欢翻箱倒柜，看看有些什么东西在里面。			
34	画图时，我很喜欢改变各种东西的颜色和形状。			
35	我不敢确定我对事情的看法都是对的。			
36	对于一件事情先猜猜看，然后再看是不是猜对了，这种方法很有趣。			
37	玩猜谜之类的游戏很有趣，因为我想知道结果如何。			
38	我对机器有兴趣，也很想知道它里面是什么样子以及它是怎样运转的。			
39	我喜欢可以拆开的玩具。			
40	我喜欢想一些点子，即使用不着也无所谓。			
41	我认为一篇好的文章应该包含许多不同的意见和观点。			
42	我认为为将来可能发生的问题找答案，是一件令人兴奋的事。			
43	我喜欢尝试新的事情，目的只是为了知道会有什么结果。			
44	玩游戏时，我通常是有兴趣参加，而不在乎输赢。			
45	我喜欢想一些别人常常谈过的事情。			
46	当我看到一张陌生人的照片时，我喜欢去猜测他是怎样一个人。			
47	我喜欢翻阅书籍、杂志，只是想知道它们的内容是什么。			
48	我不喜欢探询事情发生的各种原因。			
49	我喜欢问一些别人没有想到的问题。			
50	无论在家里或在学校，我总是喜欢做许多有趣的事。			

（1）正向题目，完全符合3分，部分符合2分，完全不符合1分。

（2）反向题目，完全符合1分，部分符合2分，完全不符合3分。

- 规划让生命更精彩

其中第4、9、12、17、29、35、45、48题为反向计分，其他为正向计分，把各维度对应题目的分数相加，算出平均分。此问卷各维度及其所包含的题目如下表所示。

维度	题目	平均分
冒险性	1、5、21、24、25、28、29、35、36、43、44	
好奇心	2、8、11、12、19、27、33、34、37、38、39、47、48、49	
想象力	6、13、14、16、20、22、23、30、31、32、40、45、46	
挑战性	3、4、7、9、10、15、17、18、26、41、42、50	

（以上内容选自：赵世俊，钮维萍.中学生生涯规划：高中版[M].南京：江苏凤凰科学技术出版社，2012）

第四节　人际交往能力

生涯认知

人际交往能力（人际能力）是指人们在交往过程中处理人际关系的能力，包括主动建立良好关系、改善人际关系状况、解决人际冲突、影响力或沟通能力等。人际交往能力不是天生就有的，需要我们在后天生活中主动通过训练来获得。

表面上看，每个人处在差不多的社会关系网络中，大多是亲人、朋友、老师、同学等。但深入观察，你会发现每个人从中获得的支持有很大的差异：有人在人际关系中与他人共享生活，充满了幸福感，遇到困难时总能获得及时而又有力的帮助；有些人则不然，他们虽然和别人一样也拥有客观存在的关系网络，却与其中的人相处得很糟糕，在陷入困境的时候，会迅速陷入孤立无援的状态。这是为什么呢？

社会关系网不会自然生成良好的人际关系，人际关系是需要去建设和维护的，否则，即使是在"亲人"这种最密切的血缘关系中，也有可能得不到支持，更有甚者，还有可能受到致命伤害。

提升人际交往能力具有重要意义：

1. 人际能力让我们获得更多支持。每个人都有局限性，没有一个人能独自解决所有的麻烦，没有谁是永远的"孤胆英雄"。我们会发现，生活中那些渴望持续发展的成功者，多半都一直致力于广泛铺设"双赢"的社会网络。

2. 人际能力是现代人才的重要素质。高素质人才必须是德才兼备的，具有实际操作能力的人。人际能力是人的实际操作能力中一种重要的基本的能力。人际关系已成为现代人事业中一种重要的发展资源，在当今社会生活中，并不是只有专职公关人员才需要具备公关社交的素质。一个人无论在社会中从事何种事业，都需要有处理各种社会交往关系的能力，需要有和各种人合作的能力。

3. 人际能力是工作学习的基础，是事业成功的需要。美国卡内基工业大学对10000个人的案例记录进行分析后，得出这样一个结论：个人"智慧""专业技术"和"经验"只占成功因素的15%，其余85%的因素是由良好的人际关系和处世态度构成的。哈佛大学就业指导小组调查的结果也证实：某地被解雇的4000人中，人际关系不好者占90%，不称职者占10%；大学毕业生中人际关系处理得好的人平均年薪比优等生高出15%，比普通生高出33%。

4. 提升人际能力，有助于自我完善。人际交往为自我完善提供了一面镜子。你可以在与他人交往中认识自我形象，在与他人比较中认识自我，这就是我们常说的"以人为镜"。在人际交往中怎样"以人为镜"是自我完善的关键。积极的人际关系，彼此信任支持，有助于双方成长，可以提升我们的幸福感和成就感，使我们的人生变得美满。

生涯探索

之一：用3个同心圆画出人际交往圈

哪些人对你来说是非常重要的，也许他们和你的生活息息相关，也许他们和你志同道合，也许他们是你的生命导师……他们对你的生活有重大影响，是你非常在意的人，请把他们写在最中间的同心圆中。

哪些人排在第二位？他们对你来说也很重要。也许他们和你互相扶持，也许他们和你共同进步，他们是你牵挂和在意的人，请你把他们写在中间的圆圈内。

哪些人可以写在最外圈？他们出现在你的生活中，多多少少影响了你，也许他们终将成为你生命的过客，但是也曾留下了不可磨灭的印记，把他们也记录下来。

之二：提升人际交往吸引力

1. 优化个人形象

（1）仪表。调查发现，邋里邋遢、不注重个人卫生的人，常常让人敬而远之。仪表是人的第一印象，在日常生活中，谁都喜欢仪表端庄的人。高中生的仪表，应该体现出青春、阳光、健康，有得体大方的衣着打扮，有优雅和善的言行举止等。仪表常常能体现出个体的内在品性。

（2）微笑。微笑是一种最简单有效的沟通艺术，它可以传达友善，暗示自信，代表乐观，是一种动态的形象。保持阳光般的微笑，便于营造出明朗的人际氛围。

（3）目光。同微笑一样，目光和眼神也是最富感染力的表情语言。眼睛是心灵的窗户，在人们的相互交往中，眼睛与有声语言相协调，可以表达万千变化的思想感情。眼睛凝视的时间长短、眼睑睁开的大小、瞳孔放大的程度以及眼睛的其他一些变化，都能传递最微妙的信息，如正视表示庄重、斜视表示轻蔑、仰视表示思索、俯视表示羞涩等。

2. 修炼内在品质

对号入座：人格品质是影响个体吸引力的最稳定因素，也是个体吸引力最重要的因素之一。美国学者安德森研究了影响人际关系的人格品质。下表是其主要研究结果。对照下表，将符合你的人格品质用"√"标出来。

影响人际吸引的主要人格品质

积极品质	真诚、诚实、理解、忠诚、真实、可信、智慧、可信赖、有思想、体贴、热情、善良、友好、快乐、不自私、幽默、负责、开朗、信任。
中间品质	固执、刻板、大胆、谨慎、易激动、文静、冲动、好斗、腼腆、易动情、羞怯、天真、不明朗、好动、空想、追求物欲、反叛、孤独、依赖别人。
消极品质	古怪、不友好、敌意、饶舌、自私、粗鲁、自负、贪婪、不真诚、不友善、恶毒、不可信、虚假、令人讨厌、不老实、冷酷、邪恶、装假、说谎。

第五节　生活自理能力

生涯认知

一个人的生活能力包括很多方面，比如自理独立、理财管家、运动休闲、饮食健康、邻里相处、处理工作和家庭关系，还包括如何面对生活困境，有效处理日常生活，应对各种需要和挑战。只有具备生活能力，才能在与他人、社会和环境的相互关系中，表现出适应的、积极的行为来。

高中生需要具备的主要生活能力有：打理自己衣食住行的能力，安排和管理生活作息的能力，健康饮食和运动的能力，理财能力，照顾和关心他人的能力，增加生活情趣和健康休闲的能力，和周围人建立良好关系的能力，自主管理时间的能力，处理或解决突发情况的能力，安全意识和自我保护的能力。

这些能力是我们生活的基本保障，只有具备这些能力，才可能保持良好的生活秩序或状态，也才可能使我们在各种情况下保持身心健康，为学习和职业活动做好准备。

生涯探索

之一：测测我的生活能力

请你阅读下表的内容，对自己的生活能力做评定，能做到的记"1"分，不确定或不能独立完成的记"0"分。

序号	题目	评定
1	每天早上准时起床,自己整理内务。	
2	搞好个人卫生,清洗自己的袜子和内衣裤。	
3	能收拾好自己的房间。	
4	能做简单的饭菜。	
5	每天都有吃早餐的习惯。	
6	饮食结构合理,不吃垃圾食品。	
7	能较准确地判断自己的健康状况。	
8	知道怎么吃药,能正确理解药品说明书。	
9	能处理简单的伤口,会消毒和包扎。	
10	能照顾宠物和花草。	
11	知道110、120、119等急救电话的用处。	
12	每天都有适当的休闲和运动时间。	
13	能处理好学习和休闲之间的关系。	
14	善于理财,合理开支。	
15	做事有条理。	
16	与同学、室友、老师和亲人关系融洽。	
17	遇到困难能积极解决问题,不会深陷于负面情绪或过分纠缠是谁的责任。	
18	能够调整自己的情绪,适当缓解压力。	
19	心理平衡,总能体验到内心的充实感。	
总分		

(1)15分及以上,你的生活能力很强,能很好地照顾自己和身边的人,这将为你的生涯发展添砖加瓦。

(2)10—14分,你的生活能力一般,很多方面有待完善,你需要多加练习,增强独立生活的能力。

(3)9分及以下,你的生活能力需要大力提高,平时主要依靠父母或其他人的帮助,你要努力学习各种生活技能,为自己未来的幸福生活打下基础。

之二：为自己量身打造训练计划

生活能力的锻炼不是一朝一夕就可以促成的，它是一个长期的自我培养的过程。生活能力训练并不是什么高深的学问，人人都能做到，关键是你能否长期坚持下去。只要你在日常生活中意识到生活能力对你的重要性，并坚持按照你制订的计划不折不扣地去完成，就可以养成良好的生活能力。

生活能力训练计划表

我承诺，我会不折不扣地完成，坚持3个月。姓名：_____

我期望的生活能力	本周完成情况	自我评估
早上闹铃响了马上起床		
整理床铺打扫卫生		

个人理财消费情况记录

收入及来源	支出项目	支出金额	可节省的支出
合计：		合计：	合计：

到目前为止，我的储蓄有_____元。

将计划严格执行，就会逐渐养成习惯，并最终内化为个人生活能力。

第六节　耐挫能力

生活总是让我们遍体鳞伤，但到后来，那些受伤的地方一定会变成我们最强壮的地方。——海明威

走好选择的路，别选择好走的路，你才能拥有真正的自己。——杨绛

生涯认知

耐挫力，有学者将其称为"心理弹性""韧性"，相当于"挫折承受力""抗逆力"等概念。它指的是一个人即使身处逆境，遭受严重创伤和巨大压力，心理也不会受到损伤性的负面影响，而是成功适应，甚或愈挫愈坚。简单地说，耐挫力就是"心理免疫力"，是一种面对挫折、困境都能从容应对，坚持下去的能力。积极心理学认为，耐挫力的核心因素在于复原，即重新回到压力事件之前本身所具有的适应的、胜任的行为模式。

人遇到逆境时会有一些反应，比如紧张、焦虑、恐惧、封闭，初期有这样的反应完全正常，并不代表人出问题了，而且再往后跟踪就会发现，绝大多数人经过自己调整，可以恢复到原来的健康状态，就像人的皮肤被划破，一开始会出血甚至发炎，但之后会慢慢愈合。人的身体有这个能力，心理也有这个能力。

耐挫力是我们每个人与生俱来的潜质，可以通过后天培养而变得越来越强。耐挫力是个人的一种资源和资产，能够引领个人在身处恶劣环境下懂得如何处理不利条件，从而产生正面的结果。

耐挫力是在个体与环境的互动中发展的，环境中的危机与挑战是激发耐挫力的先决条件。耐挫力并非一种绝对的能力，适用于何种压力情境，是增加、减少还是改变，取决于个人与环境的互动，它可以通过学习获得且不断增强。

规划让生命更精彩

比如说,同样是父母离异,有的人能平稳过渡,积极适应,有的人则会出现逃学、染上网瘾等问题。父母离婚对青少年而言,肯定是挑战。之所以出现不同结果,取决于青少年如何与环境互动。

每个人都会遇到逆境或挫折,逆境可以提供成长的机会和尝试的可能性。正如北京师范大学心理学教授田国秀在一篇文章中写道:"我必须踩出自己的路,如果你们强求我走你们预先铺好的路,我的痛苦在于,大地上没有留下自己的足迹。"

耐挫力包含的因素:

(1)一种关系。在家人与其他人之间保持一种良好的支持性关系,这种关系能创造爱和信任,能规范角色,给予鼓励和让人安心,从而增强个体的耐挫力。

(2)一种能力。制订切合实际的计划并着力去实现。

(3)一种态度。积极看待自己,对自己的能力有信心,"困难是我们成长的恩人"。

(4)一种技能。沟通和解决问题的技能。

(5)一种力量。控制冲动和激烈情绪的力量。

生涯探索

之一:寻找挫折的意义

生活中,一帆风顺而又成就卓著的人凤毛麟角,历经坎坷艰辛而出类拔萃者众多。挫折和逆境是人生发展的障碍,只要超越和克服了它,就会磨炼人的意志,使人变得更坚强。

挫折本身对人而言没有任何意义,甚至可能会摧毁一个人;但挫折所带来的思考和反思是有重大意义的,是一个人成长的契机。

让我们一起来探寻挫折的积极意义。

我的一次挫折经历记录表

（学校生活、家庭生活或者社会生活中遇到的挫折）

我的挫折经历	
挫折事件描述	
当时的感受和想法	
对我的影响	
挫折带来的积极意义	
新的感受和想法	
带来的积极意义	

之二：训练自己的成长型思维

耐挫力还跟思维方式有很大的关系。在遇到困难、挫折的时候，人们有意识或无意识的思维方式会改变其对待艰难险阻的态度。斯坦福大学心理学教授卡罗尔·德韦克将人的思维模式分为两种，分别是固定型思维模式和成长型思维模式。固定型思维模式的人往往害怕失败，拒绝接受挑战，面对困难更容易退缩。而拥有成长型思维模式的人，乐于接受挑战，并善于将失败看成机会，从中学习经验，越挫越勇。

两种思维模式对照表

固定型思维	成长型思维
规避挑战	欢迎挑战
痛恨变化	拥抱变化
老是关注限制	总是寻找机会
觉得自己几乎无法改变现状	一切皆有可能
不接受批评	珍视反馈，主动学习
喜欢待在舒适区	喜欢探索新事物
有时候觉得努力是无用的	每次失败都是一堂课
认为毕业后无须过多学习	认为学习是终生的事业

现在你了解了两种不同的思维模式，可以借此来评估一下自己更倾向于哪种思维模式。有一个好消息是：成长型思维模式是可以通过后天习得的。

下表列出了一些自我独白式话语，请你按照示例试着进行思维的转化训练，并在平时多多练习，希望这个表格能够帮助你逐渐习得成长型思维。

思维转化训练表

序号	固定型思维	成长型思维
1	我做不成这件事情，因为我没有天赋。	我虽然现在不能很好地完成，但是慢慢来也可以进步。
2	别人都比我好，能力比我强，我怎么努力都追不上他们了。	
3	这项任务太难了，我一定会做不好的。	
4	人的天赋和潜能都是固定的，我就只有这么一点，没法再超越了。	
5	如果事情没有按照我期待的发生，我就会很沮丧。	
6	我害怕接受挑战，因为这意味着大概率的失败。	

第七章 走近大学

第一节　了解选择专业

择世所需，择己所好。

生涯认知

一、中国大学本科专业设置情况

1. 中国大学本科专业数量和分类。我国本科专业共分13个门类，分别是哲学、经济学、法学、教育学、文学、历史学、理学、工学、农学、医学、军事学、管理学、艺术学。《普通高等学校本科专业目录（2020年版）》包含12个门类（未含军事学门类，其代码11预留），703个本科专业。2021年3月1日，教育部公布，根据高等学校专业设置与教学指导委员会评议结果，确定了同意设置的国家控制布点专业和尚未列入专业目录的新专业名单，新增37个大学本科专业。因此，截至2021年3月，我国大学本科专业数量为740个。

2. 高校特色专业。这是指一所学校的某一专业，在教育目标、师资队伍、课程体系、教学条件和培养质量等方面，具有较高的办学水平和鲜明的办学特色，已产生较好的办学效益和社会影响，是一种高标准、高水平、高质量的专业（在"中国教育在线"网站上可以了解到我国各高校的特色专业）

3. 国家重点学科。这是国家根据发展战略与重大需求，择优确定并重点建设的培养创新人才、开展科学研究的重要基地，在高等教育学科体系中居于骨干和引领地位，满足经济建设和社会发展对高层次创新人才的需求，为建设创新型国家提供高层次的人才和智力支撑，充分体现了全国各高校科学研究和人才培养的实力和水平。到2007年为止，国家共组织了3次评选工作，共评选出286个一级学科国家重点学科、677个二级学科国家重点学科、217个国家重点（培育）学科，其中一级学科国家重点学科所覆盖的二级学科均为国家重点学科。

4. 新增专业。随着社会不断变化发展，对人才的需求供求关系不断变化，高校的专业也会随着社会的发展需要而减少或者增加。有一些专业在社会的发展中逐渐被淘汰，也有一些新兴专业在兴起。因此在选择报考专业时，一定要提前多了解信息。

2019年，教育部印发通知公布了2018年度普通高等学校本科专业备案和审批结果，确定了新增专业名单。

新增专业数量较多的分别是数据科学与大数据技术、网络空间安全、信息安全、机器人工程、智能科学与技术、智能制造工程、大数据管理与应用等，这些专业显示了鲜明的时代发展特色。

二、了解大学专业的策略

要在740种专业中做出正确的选择不是件容易的事情。在了解专业时，需要仔细辨别，切忌望文生义，避免因专业选择失误而带来遗憾。了解各高校的专业情况，可以从以下几个方面着手。

1. 了解专业的基本情况。主要了解大学专业的培养目标、课程设置、就业方向等几大要素，同时还需留意该专业开展国际交流合作的情况、是否属于重点学科、硕（博）士点的数量、招生人数的变化、授予学位门类、学习年限、收费是否高等。

2. 了解不同高校同一专业的差异。不同背景高校的同一专业可能有不同的培养特色和要求，要了解其差异，才能更好地选择专业。

3. 了解同一高校同一专业不同专业方向的差异。同一所高校开设的某个专业，有时会分为不同的专业方向。专业方向不同，同一个专业在专业课程设置上也不一样。

三、选择合适专业的策略

了解大学专业的情况是一个庞大的工程，而选择最适合自己的专业则是一个复杂的过程。一般情况下，应该考虑以下几个因素：

1. 自己的兴趣、能力、性格与价值观。结合自己的兴趣、能力、性格与价值观选择大学专业，有助于选择自己真正喜欢、适合的大学专业。

2. 大学专业对选考科目的要求。在新高考背景下，大学专业对高中生的选考科目有相应的要求，分为四种情况：对应三门、对应两门、对应一门、不限。如果高中生的选考科目不能满足大学专业的选考科目要求，则无法填报相应专业，无法被相应专业录取。

3. 自己未来职业方向的规划。就读的大学专业在很大程度上会影响我们以后的职业选择，理想的情况是专业与职业完全匹配，或者专业有助于职业。

4. 考察职业所需的专业技能、人才素质、学习水平与自身情况的贴合程度。

5. 综合考虑家庭建议及拥有的就业资源等信息，进行必要的访谈、了解。

6. 考虑大环境下的就业情况。考虑大环境下的就业情况，应主要考虑就业前景、市场需求、福利待遇、升职空间等。

普通高等学校本科专业目录（截至2021年3月1日）

门类	专业类	专业代码	专业名称
哲学	哲学类	010101	哲学
		010102	逻辑学
		010103K	宗教学
		010104T	伦理学
经济学	经济学类	020101	经济学
		020102	经济统计学
		020103T	国民经济管理
		020104T	资源与环境经济学
		020105T	商务经济学
		020106T	能源经济
		020107T	劳动经济学
		020108T	经济工程
		020109T	数字经济
	财政学类	020201K	财政学
		020202	税收学
	金融学类	020301K	金融学
		020302	金融工程
		020303	保险学
		020304	投资学
		020305T	金融数学
		020306T	信用管理
		020307T	经济与金融
		020308T	精算学
		020309T	互联网金融

（续表）

门类	专业类	专业代码	专业名称
经济学	金融学类	020310T	金融科技
	经济与贸易类	020401	国际经济与贸易
		020402	贸易经济
法学	法学类	030101K	法学
		030102T	知识产权
		030103T	监狱学
		030104T	信用风险管理与法律防控
		030105T	国际经贸规则
		030106TK	司法警察学
		030107TK	社区矫正
	政治学类	030201	政治学与行政学
		030202	国际政治
		030203	外交学
		030204T	国际事务与国际关系
		030205T	政治学、经济学与哲学
		030206TK	国际组织与全球治理
	社会学类	030301	社会学
		030302	社会工作
		030303T	人类学
		030304T	女性学
		030305T	家政学
		030306T	老年学
		030307T	社会政策
	民族学类	030401	民族学
	马克思主义理论类	030501	科学社会主义
		030502	中国共产党历史
		030503	思想政治教育
		030504T	马克思主义理论
	公安学类	030601K	治安学
		030602K	侦查学
		030603K	边防管理
		030604TK	禁毒学
		030605TK	警犬技术
		030606TK	经济犯罪侦查
		030607TK	边防指挥
		030608TK	消防指挥
		030609TK	警卫学
		030610TK	公安情报学
		030611TK	犯罪学
		030612TK	公安管理学
		030613TK	涉外警务

(续表)

门类	专业类	专业代码	专业名称
法学	公安学类	030614TK	国内安全保卫
		030615TK	警务指挥与战术
		030616TK	技术侦查学
		030617TK	海警执法
		030618TK	公安政治工作
		030619TK	移民管理
		030620TK	出入境管理
		030621TK	反恐警务
		030622TK	消防政治工作
		030623TK	铁路警务
教育学	教育学类	040101	教育学
		040102	科学教育
		040103	人文教育
		040104	教育技术学
		040105	艺术教育
		040106	学前教育
		040107	小学教育
		040108	特殊教育
		040109T	华文教育
		040110TK	教育康复学
		040111T	卫生教育
		040112T	认知科学与技术
		040113T	融合教育
	体育学类	040201	体育教育
		040202K	运动训练
		040203	社会体育指导与管理
		040204K	武术与民族传统体育
		040205	运动人体科学
		040206T	运动康复
		040207T	休闲体育
		040208T	体能训练
		040209T	冰雪运动
		040210TK	电子竞技运动与管理
		040211TK	智能体育工程
		040212TK	体育旅游
		040213T	运动能力开发
文学	中国语言文学类	050101	汉语言文学
		050102	汉语言
		050103	汉语国际教育
		050104	中国少数民族语言文学
		050105	古典文献学
		050106T	应用语言学

（续表）

门类	专业类	专业代码	专业名称
文学	中国语言文学类	050107T	秘书学
		050108T	中国语言与文化
		050109T	手语翻译
	外国语言文学类	050200T	桑戈语
		050201	英语
		050202	俄语
		050203	德语
		050204	法语
		050205	西班牙语
		050206	阿拉伯语
		050207	日语
		050208	波斯语
		050209	朝鲜语
		050210	菲律宾语
		050211	梵语巴利语
		050212	印度尼西亚语
		050213	印地语
		050214	柬埔寨语
		050215	老挝语
		050216	缅甸语
		050217	马来语
		050218	蒙古语
		050219	僧伽罗语
		050220	泰语
		050221	乌尔都语
		050222	希伯来语
		050223	越南语
		050224	豪萨语
		050225	斯瓦希里语
		050226	阿尔巴尼亚语
		050227	保加利亚语
		050228	波兰语
		050229	捷克语
		050230	斯洛伐克语
		050231	罗马尼亚语
		050232	葡萄牙语
		050233	瑞典语
		050234	塞尔维亚语
		050235	土耳其语
		050236	希腊语
		050237	匈牙利语
		050238	意大利语

(续表)

门类	专业类	专业代码	专业名称
文学	外国语言文学类	050239	泰米尔语
		050240	普什图语
		050241	世界语
		050242	孟加拉语
		050243	尼泊尔语
		050244	克罗地亚语
		050245	荷兰语
		050246	芬兰语
		050247	乌克兰语
		050248	挪威语
		050249	丹麦语
		050250	冰岛语
		050251	爱尔兰语
		050252	拉脱维亚语
		050253	立陶宛语
		050254	斯洛文尼亚语
		050255	爱沙尼亚语
		050256	马耳他语
		050257	哈萨克语
		050258	乌兹别克语
		050259	祖鲁语
		050260	拉丁语
		050261	翻译
		050262	商务英语
		0502631	阿姆哈拉语
		0502641	吉尔吉斯语
		0502651	索马里语
		0502661	土库曼语
		0502671	加泰罗尼亚语
		050268T	约鲁巴语
		050269T	亚美尼亚语
		050270T	马达加斯加语
		050271T	格鲁吉亚语
		050272T	阿塞拜疆语
		050273T	阿非利卡语
		050274T	马其顿语
		050275T	塔吉克语
		050276T	茨瓦纳语
		050277T	恩德贝莱语
		050278T	科摩罗语

（续表）

门类	专业类	专业代码	专业名称
文学	外国语言文学类	050279T	克里奥尔语
		050280T	绍纳语
		050281T	提格雷尼亚语
		050282T	白俄罗斯语
		050283T	毛利语
		050284T	汤加语
		050285T	萨摩亚语
		050286T	库尔德语
		050287T	比斯拉马语
		050288T	达里语
		050289T	德顿语
		050290T	迪维希语
		050291T	斐济语
		050292T	库克群岛毛利语
		050293T	隆迪语
		050294T	卢森堡语
		050295T	卢旺达语
		050296T	纽埃语
		050297T	皮金语
		050298T	切瓦语
		050299T	塞苏陀语
		0502100T	语言学
		0502101T	塔玛齐格特语
		0502102T	爪哇语
		0502103T	旁遮普语
	新闻传播学类	050301	新闻学
		050302	广播电视学
		050303	广告学
		050304	传播学
		050305	编辑出版学
		050306T	网络与新媒体
		050307T	数字出版
		050308T	时尚传播
		050309T	国际新闻与传播
	新闻传播学类（交叉专业）	99J001T	会展
历史学	历史学类	060101	历史学
		060102	世界史
		060103	考古学
		060104	文物与博物馆学

（续表）

门类	专业类	专业代码	专业名称
历史学	历史学类	060105T	文物保护技术
		060106T	外国语言与外国历史
		060107T	文化遗产
		060108T	古文字学
理学	数学类	070101	数学与应用数学
		070102	信息与计算科学
		070103T	数理基础科学
		070104T	数据计算及应用
	物理学类	070201	物理学
		070202	应用物理学
		070203	核物理
		070204T	声学
		070205T	系统科学与工程
		070206T	量子信息科学
	化学类	070301	化学
		070302	应用化学
		070303T	化学生物学
		070304T	分子科学与工程
		070305T	能源化学
		070306T	化学测量与技术
	天文学类	070401	天文学
	地理科学类	070501	地理科学
		070502	自然地理与资源环境
		070503	人文地理与城乡规划
		070504	地理信息科学
	大气科学类	070601	大气科学
		070602	应用气象学
		070603T	气象技术与工程
	海洋科学类	070701	海洋科学
		070702	海洋技术
		070703T	海洋资源与环境
		070704T	军事海洋学
	地球物理学类	070801	地球物理学
		070802	空间科学与技术
		070803T	防灾减灾科学与工程
	地质学类	070901	地质学
		070902	地球化学
		070903T	地球信息科学与技术
		070904T	古生物学
	生物科学类	071001	生物科学
		071002	生物技术
		071003	生物信息学
		071004	生态学

（续表）

门类	专业类	专业代码	专业名称
理学	生物科学类	071005T	整合科学
		071006T	神经科学
	心理学类	071101	心理学
		071102	应用心理学
	统计学类	071201	统计学
		071202	应用统计学
工学	力学类	080101	理论与应用力学
		080102	工程力学
	机械类	080201	机械工程
		080202	机械设计制造及其自动化
		080203	材料成型及控制工程
		080204	机械电子工程
		080205	工业设计
		080206	过程装备与控制工程
		080207	车辆工程
		080208	汽车服务工程
		080209T	机械工艺技术
		080210T	微机电系统工程
		080211T	机电技术教育
		080212T	汽车维修工程教育
		080213T	智能制造工程
		080214T	智能车辆工程
		080215T	仿生科学与工程
		080216T	新能源汽车工程
		080217T	增材制造工程
		080218T	智能交互设计
		080219T	应急装备技术与工程
	仪器类	080301	测控技术与仪器
		080302T	精密仪器
		080303T	智能感知工程
	材料类	080401	材料科学与工程
		080402	材料物理
		080403	材料化学
		080404	冶金工程
		080405	金属材料工程
		080406	无机非金属材料工程
		080407	高分子材料与工程
		080408	复合材料与工程
		080409T	粉体材料科学与工程
		080410T	宝石及材料工艺学
		080411T	焊接技术与工程
		080412T	功能材料
		080413T	纳米材料与技术

(续表)

门类	专业类	专业代码	专业名称
工学	材料类	080414T	新能源材料与器件
		080415T	材料设计科学与工程
		080416T	复合材料成型工程
		080417T	智能材料与结构
	能源动力类	080501	能源与动力工程
		080502T	能源与环境系统工程
		080503T	新能源科学与工程
		080504T	储能科学与工程
		080505T	能源服务工程
	电气类	080601	电气工程及其自动化
		080602T	智能电网信息工程
		080603T	光源与照明
		080604T	电气工程与智能控制
		080605T	电机电器智能化
		080606T	电缆工程
		080607T	能源互联网工程
	电子信息类	080701	电子信息工程
		080702	电子科学与技术
		080703	通信工程
		080704	微电子科学与工程
		080705	光电信息科学与工程
		080706	信息工程
		080707T	广播电视工程
		080708T	水声工程
		080709T	电子封装技术
		080710T	集成电路设计与集成系统
		080711T	医学信息工程
		080712T	电磁场与无线技术
		080713T	电波传播与天线
		080714T	电子信息科学与技术
		080715T	电信工程及管理
		080716T	应用电子技术教育
		080717T	人工智能
		080718T	海洋信息工程
		080719T	柔性电子学
		080720T	智能测控工程
	自动化类	080801	自动化
		080802T	轨道交通信号与控制
		080803T	机器人工程
		080804T	邮政工程
		080805T	核电技术与控制工程
		080806T	智能装备与系统
		080807T	工业智能

(续表)

门类	专业类	专业代码	专业名称
工学	自动化类	080808T	智能工程与创意设计
	计算机类	080901	计算机科学与技术
		080902	软件工程
		080903	网络工程
		080904K	信息安全
		080905	物联网工程
		080906	数字媒体技术
		080907T	智能科学与技术
		080908T	空间信息与数字技术
		080909T	电子与计算机工程
		080910T	数据科学与大数据技术
		080911TK	网络空间安全
		080912T	新媒体技术
		080913T	电影制作
		080914T	保密技术
		080915T	服务科学与工程
		080916T	虚拟现实技术
		080917T	区块链工程
		080918T	密码科学与技术
	土木类	081001	土木工程
		081002	建筑环境与能源应用工程
		081003	给排水科学与工程
		081004	建筑电气与智能化
		081005T	城市地下空间工程
		081006T	道路桥梁与渡河工程
		081007T	铁道工程
		081008T	智能建造
		081009T	土木、水利与海洋工程
		081010T	土木、水利与交通工程
		081011T	城市水系统工程
	水利类	081101	水利水电工程
		081102	水文与水资源工程
		081103	港口航道与海岸工程
		081104T	水务工程
		081105T	水利科学与工程
	测绘类	081201	测绘工程
		081202	遥感科学与技术
		081203T	导航工程
		081204T	地理国情监测
		081205T	地理空间信息工程
	化工与制药类	081301	化学工程与工艺
		081302	制药工程

（续表）

门类	专业类	专业代码	专业名称
工学	化工与制药类	081303T	资源循环科学与工程
		081304T	能源化学工程
		081305T	化学工程与工业生物工程
		081306T	化工安全工程
		081307T	涂料工程
		081308T	精细化工
	地质类	081401	地质工程
		081402	勘查技术与工程
		081403	资源勘查工程
		081404T	地下水科学与工程
		081405T	旅游地学与规划工程
	矿业类	081501	采矿工程
		081502	石油工程
		081503	矿物加工工程
		081504	油气储运工程
		081505T	矿物资源工程
		081506T	海洋油气工程
	纺织类	081601	纺织工程
		081602	服装设计与工程
		081603T	非织造材料与工程
		081604T	服装设计与工艺教育
		081605T	丝绸设计与工程
	轻工类	081701	轻化工程
		081702	包装工程
		081703	印刷工程
		081704T	香料香精技术与工程
		081705T	化妆品技术与工程
	交通运输类	081801	交通运输
		081802	交通工程
		081803K	航海技术
		081804K	轮机工程
		081805K	飞行技术
		081806T	交通设备与控制工程
		081807T	救助与打捞工程
		081808TK	船舶电子电气工程
		081809T	轨道交通电气与控制
		081810T	油轮工程与管理
		081811T	智慧交通
	海洋工程类	081901	船舶与海洋工程
		081902T	海洋工程与技术
		081903T	海洋资源开发技术
		081904T	海洋机器人
	航空航天类	082001	航空航天工程

（续表）

门类	专业类	专业代码	专业名称
工学	航空航天类	082002	飞行器设计与工程
		082003	飞行器制造工程
		082004	飞行器动力工程
		082005	飞行器环境与生命保障工程
		082006T	飞行器质量与可靠性
		082007T	飞行器适航技术
		082008T	飞行器控制与信息工程
		082009T	无人驾驶航空器系统工程
		082010T	智能飞行器技术
	兵器类	082101	武器系统与工程
		082102	武器发射工程
		082103	探测制导与控制技术
		082104	弹药工程与爆炸技术
		082105	特种能源技术与工程
		082106	装甲车辆工程
		082107	信息对抗技术
		082108T	智能无人系统技术
	核工程类	082201	核工程与核技术
		082202	辐射防护与核安全
		082203	工程物理
		082204	核化工与核燃料工程
	农业工程类	082301	农业工程
		082302	农业机械化及其自动化
		082303	农业电气化
		082304	农业建筑环境与能源工程
		082305	农业水利工程
		082306T	土地整治工程
		082307T	农业智能装备工程
	林业工程类	082401	森林工程
		082402	木材科学与工程
		082403	林产化工
		082404T	家具设计与工程
	环境科学与工程类	082501	环境科学与工程
		082502	环境工程
		082503	环境科学
		082504	环境生态工程
		082505T	环保设备工程
		082506T	资源环境科学
		082507T	水质科学与技术
	生物医学工程类	082601	生物医学工程
		082602T	假肢矫形工程
		082603T	临床工程技术

（续表）

门类	专业类	专业代码	专业名称
工学	生物医学工程类	082604T	康复工程
	食品科学与工程类	082701	食品科学与工程
		082702	食品质量与安全
		082703	粮食工程
		082704	乳品工程
		082705	酿酒工程
		082706T	葡萄与葡萄酒工程
		082707T	食品营养与检验教育
		082708T	烹饪与营养教育
		082709T	食品安全与检测
		082710T	食品营养与健康
		082711T	食用菌科学与工程
		082712T	白酒酿造工程
	建筑类	082801	建筑学
		082802	城乡规划
		082803	风景园林
		082804T	历史建筑保护工程
		082805T	人居环境科学与技术
		082806T	城市设计
		082807T	智慧建筑与建造
	安全科学与工程类	082901	安全工程
		082902T	应急技术与管理
		082903T	职业卫生工程
	生物工程类	083001	生物工程
		083002T	生物制药
		083003T	合成生物学
	公安技术类	083101K	刑事科学技术
		083102K	消防工程
		083103TK	交通管理工程
		083104TK	安全防范工程
		083105TK	公安视听技术
		083106TK	抢险救援指挥与技术
		083107TK	火灾勘查
		083108TK	网络安全与执法
		083109TK	核生化消防
		083110TK	海警舰艇指挥与技术
		083111TK	数据警务技术
		083112TK	食品药品环境犯罪侦查技术
农学	植物生产类	090101	农学
		090102	园艺

（续表）

门类	专业类	专业代码	专业名称
农学	植物生产类	090103	植物保护
		090104	植物科学与技术
		090105	种子科学与工程
		090106	设施农业科学与工程
		090107T	茶学
		090108T	烟草
		090109T	应用生物科学
		090110T	农艺教育
		090111T	园艺教育
		090112T	智慧农业
		090113T	菌物科学与工程
		090114T	农药化肥
		090115T	生物农药科学与工程
	自然保护与环境生态类	090201	农业资源与环境
		090202	野生动物与自然保护区管理
		090203	水土保持与荒漠化防治
		090204T	生物质科学与工程
		090301	动物科学
		090302T	蚕学
		090303T	蜂学
		090304T	经济动物学
		090305T	马业科学
	动物医学类	090401	动物医学
		090402	动物药学
		090403T	动植物检疫
		090404T	实验动物学
		090405T	中兽医学
		090406T	兽医公共卫生
	林学类	090501	林学
		090502	园林
		090503	森林保护
		090504T	经济林
	水产类	090601	水产养殖学
		090602	海洋渔业科学与技术
		090603T	水族科学与技术
		090604T	水生动物医学
	草学类	090701	草业科学
		090702T	草坪科学与工程
医学	基础医学类	100101K	基础医学
		100102TK	生物医学
		100103T	生物医学科学
	临床医学类	100201K	临床医学
		100202TK	麻醉学

（续表）

门类	专业类	专业代码	专业名称
医学	临床医学类	100203TK	医学影像学
		100204TK	眼视光医学
		100205TK	精神医学
		100206TK	放射医学
		100207TK	儿科学
	口腔医学类	100301K	口腔医学
	公共卫生与预防医学类	100401K	预防医学
		100402	食品卫生与营养学
		100403TK	妇幼保健医学
		100404TK	卫生监督
		100405TK	全球健康学
		100406TK	运动与公共健康
	中医学类	100501K	中医学
		100502K	针灸推拿学
		100503K	藏医学
		100504K	蒙医学
		100505K	维医学
		100506K	壮医学
		100507K	哈医学
		100508TK	傣医学
		100509TK	回医学
		100510TK	中医康复学
		100511TK	中医养生学
		100512TK	中医儿科学
		100513TK	中医骨伤科学
	中西医结合类	100601K	中西医临床医学
	药学类	100701	药学
		100702	药物制剂
		100703TK	临床药学
		100704T	药事管理
		100705T	药物分析
		100706T	药物化学
		100707T	海洋药学
		100708T	化妆品科学与技术
	中药学类	100801	中药学
		100802	中药资源与开发
		100803T	藏药学
		100804T	蒙药学
		100805T	中药制药
		100806T	中草药栽培与鉴定
	法医学类	100901K	法医学
	医学技术类	101001	医学检验技术
		101002	医学实验技术

（续表）

门类	专业类	专业代码	专业名称
医学	医学技术类	101003	医学影像技术
		101004	眼视光学
		101005	康复治疗学
		101006	口腔医学技术
		101007	卫生检验与检疫
		101008T	听力与言语康复学
		101009T	康复物理治疗
		101010T	康复作业治疗
		101011T	智能医学工程
		101012T	生物医药数据科学
		101013T	智能影响工程
	护理学类	101101	护理学
		101102T	助产学
管理学	管理科学与工程类	120101	管理科学
		120102	信息管理与信息系统
		120103	工程管理
		120104	房地产开发与管理
		120105	工程造价
		120106TK	保密管理
		120107T	邮政管理
		120108T	大数据管理与应用
		120109T	工程审计
		120110T	计算金融
		120111T	应急管理
	工商管理类	120201K	工商管理
		120202	市场营销
		120203K	会计学
		120204	财务管理
		120205	国际商务
		120206	人力资源管理
		120207	审计学
		120208	资产评估
		120209	物业管理
		120210	文化产业管理
		120211T	劳动关系
		120212T	体育经济与管理
		120213T	财务会计教育
		120214T	市场营销教育
		120215T	零售业管理
		120216T	创业管理
	农业经济管理类	120301	农林经济管理
		120302	农村区域发展
	公共管理类	120401	公共事业管理

（续表）

门类	专业类	专业代码	专业名称
管理学	公共管理类	120402	行政管理
		120403	劳动与社会保障
		120404	土地资源管理
		120405	城市管理
		120406TK	海关管理
		120407T	交通管理
		120408T	海事管理
		120409T	公共关系学
		120410T	健康服务与管理
		120411T	海警后勤管理
		120412T	医疗产品管理
		120413T	医疗保险
		120414T	养老服务管理
		120415TK	海关检验检疫安全
		120416TK	海外安全管理
		120417T	自然资源登记与管理
	图书情报与档案管理类	120501	图书馆学
		120502	档案学
		120503	信息资源管理
	物流管理与工程类	120601	物流管理
		120602	物流工程
		120603T	采购管理
		120604T	供应链管理
	工业工程类	120701	工业工程
		120702T	标准化工程
		120703T	质量管理工程
	电子商务类	120801	电子商务
		120802T	电子商务及法律
		120803T	跨境电子商务
	旅游管理类	120901K	旅游管理
		120902	酒店管理
		120903	会展经济与管理
		120904T	旅游管理与服务教育
艺术学	艺术学理论类	130101	艺术史论
		130102T	艺术管理
		130103T	非物质文化遗产保护
	音乐与舞蹈学类	130201	音乐表演
		130202	音乐学
		130203	作曲与作曲技术理论
		130204	舞蹈表演
		130205	舞蹈学
		130206	舞蹈编导

（续表）

门类	专业类	专业代码	专业名称
艺术学	音乐与舞蹈学类	130207T	舞蹈教育
		130208TK	航空服务艺术与管理
		130209T	流行音乐
		130210T	音乐治疗
		130211T	流行舞蹈
		130212T	音乐教育
	戏剧与影视学类	130301	表演
		130302	戏剧学
		130303	电影学
		130304	戏剧影视文学
		130305	广播电视编导
		130306	戏剧影视导演
		130307	戏剧影视美术设计
		130308	录音艺术
		130309	播音与主持艺术
		130310	动画
		130311T	影视摄影与制作
		130312T	影视技术
		130313T	戏剧教育
	美术学类	130401	美术学
		130402	绘画
		130403	雕塑
		130404	摄影
		130405T	书法学
		130406T	中国画
		130407T	实验艺术
		130408T	跨媒体艺术
		130409T	文物保护与修复
		130410T	漫画
	设计学类	130501	艺术设计学
		130502	视觉传达设计
		130503	环境设计
		130504	产品设计
		130505	服装与服饰设计
		130506	公共艺术
		130507	工艺美术
		130508	数字媒体艺术
		130509T	艺术与科技
		130510TK	陶瓷艺术设计
		130511T	新媒体艺术
		130512T	包装设计

生涯探索

之一：专业倾向测试

请阅读以下测试题，并以每题4秒以内的速度做出判断。若完全同意，则在测试题前的题号上打"√"；若模棱两可，不能在短时间内做出判断，不做任何标记；若毅然否定，则在测试题号上打"×"。

专业倾向性测试问题清单

1	向往田园生活
2	熟悉人体各器官的机能
3	喜欢记录比赛得分
4	认为中药很神奇
5	希望到银行工作
6	知道主要国家的宗教派别
7	喜欢利用逻辑原理解决问题
8	有较强策划能力
9	懂得照顾他人
10	有某种艺术特长
11	对股票感兴趣
12	熟悉中国革命史
13	能说出日常农作物的上市季节
14	对经商感兴趣
15	热衷收藏用旧的东西
16	不反感对活动物的解剖
17	更喜欢数理化方面的知识
18	很受同学、朋友的信赖
19	了解税务方面的知识
20	渴望当医务工作者
21	喜欢制作图书卡片
22	对教育现状有自己的认识

（续表）

23	观察事物很细心	
24	对侦破题材的节目很感兴趣	
25	擅长推理和分析	
26	特别注重日常礼仪	
27	关心国家经济发展方面的信息	
28	有语言天赋	
29	能坚持记日记	
30	什么事都想自己尝试一下	
31	自己的东西总收拾得井井有条	
32	喜欢收看历史节目	
33	常阅读自然科学家的故事	
34	关注日常的商业信息	
35	对农林业很感兴趣	
36	喜欢做智力测试题	
37	希望受人瞩目	
38	喜欢阅读企业家的自传	
39	曾通读文学全集	
40	想当一名建筑师	
41	关注民族宗教问题	
42	有社会公德心	
43	了解国家制度、国家机构的设置	
44	常制作学习卡片	
45	常参加各种集会	
46	对保险业感兴趣	
47	常进行归纳推理	
48	自行研究拆装过钟表、相机、锁等东西	
49	喜欢观察害虫与杂草	
50	热心设计庭院	
51	喜欢逗幼儿玩	
52	对宗教的内容感兴趣	

(续表)

53	东西坏了愿意尝试自己维修
54	乐意制作生活日历
55	喜欢参观博物馆
56	喜欢集邮或类似的活动
57	喜欢搭乘远洋渔轮
58	有很丰富的军事知识并想成为这方面的专家
59	喜欢在实验室工作
60	喜欢饲养宠物并很了解它们的习性
61	擅长与人交流
62	想成为一名工程师
63	对现代化农业建设感兴趣
64	对计算机很感兴趣
65	了解中国古代佛道儒三家的基本情况
66	很喜欢看电影
67	喜欢跳集体舞
68	不畏惧学习新的东西
69	常自愿参观科学博物馆
70	崇拜世界知名公司的领导者
71	常注意"历史上的今天"等信息
72	时常独处思考问题
73	经常组织各种活动
74	能自己培育花草
75	了解对外经济政策
76	心算能力强
77	有剪报的习惯
78	喜欢解难题
79	擅长写作
80	乐意辅导小孩功课
81	很喜欢看《经济半小时》
82	喜欢到名胜古迹旅游

（续表）

83	有一定的书法功底	
84	常关注考古信息	
85	常看法律普及读物	
86	崇拜律师	
87	对病情的变化很敏感	
88	了解不少医学知识	
89	想成为一名公安干警	
90	能辨别果蔬的好坏	
91	常整理书架与影集	
92	很有爱心	
93	了解文明发展史	
94	小时候很喜欢扮医生给人治病	
95	对经济类的信息很关注	
96	渴望从事法律方面的工作	
97	爱思考问题	
98	在体育方面有特长	
99	能胜任班干部的工作	
100	爱阅读历史书籍	
101	了解各哲学流派的差异	
102	认真读过哲学方面的资料	
103	善于处理和别人的关系	
104	日常小病懂得如何用药	
105	会制作同学会名簿	
106	爱教孩子唱歌跳舞	
107	能想到用法律来保护自己的合法权益	
108	动手能力比较强	
109	擅长表演	
110	常留意健康类节目	

测试得分统计和结果分析：请根据下列题号的分类，分别计算打√个数，个数最多者可作为你的专业倾向。

哲学	6、7、26、41、47、52、65、97、101、102
经济学	5、11、14、19、27、34、46、75、81、95
法学	12、24、42、43、85、86、89、96、103、107
教育学	22、44、51、61、67、80、92、98、105、106
文学	10、21、28、29、37、39、66、77、79、109
历史学	15、32、55、56、71、82、83、84、93、100
理学	17、23、25、33、36、59、69、72、76、78
工学	30、35、40、48、53、58、62、64、68、108
农学	1、13、49、50、57、60、63、74、90、91
医学	2、4、9、16、20、87、88、94、104、110
管理学	3、8、18、31、38、45、54、70、73、99

请根据专业倾向测试结果，做出自己的专业倾向分析

专业倾向分析表

感兴趣的专业	专业1：	专业2：
专业介绍（此专业培养何种人才）		
专业发展前景		
就业方向		
各专业下感兴趣的大学（根据专业排名和自身情况可填写2—3所）		
选考科目要求		
历年录取分数线		
自我激励		

之二：目标专业大调查

就你感兴趣的专业，进行深入的调研，按专业填写下表。也可以找到你的兴趣小组共同调研、讨论。也可以"我的理想专业"为主题开展汇报演讲比赛。

1. 对这个专业的基本了解

专业名称：_____

专业代码：_____

门类—学科：_____

学历层次：_____

修业年限：_____

2. 对这个专业毕业生的未来出路，你有什么总体印象？

3. 开设该专业排名靠前的大学有哪些？该专业在各学校的高考录取分数线是多少？录取时在本省大概要位于多少位次？

4. 该专业的大学生主干课程和必修科目有哪些？哪一科难度最大？

5. 该专业适合什么样个性特征的人学习？

6. 该专业招生有什么特殊要求，如选科、提前招生、身体要求等

7. 该专业领域有哪些名人？

8. 该专业的毕业生常见的职业有哪些？这些职业通常需要什么特质的人？

9. 该领域的工作者典型的一天是怎样的？

10. 该专业毕业后的主要职业方向是你期待的吗？

11. 你还关心这个专业的哪些方面？情况如何？

　

12. 要学好该专业，高中期间你要做好哪些准备？

　

之三：专业十项内容调查

序号	调查要素	具体内容
1	课程设置	该专业学习哪些课程？
2	培养目标	该专业的培养目标和培养要求是什么？
3	相关专业	该专业属于哪个学科大类？与该专业相关的专业有哪些？是否有相同或相近的研究生专业？转换专业是否可行？
4	名校名师	开设该专业的名校和院系名称，排名情况怎样？不同学校的优点和缺点是什么？该专业名师有哪些？他们有哪些专业成就？
5	就业去向	该专业毕业后能从事哪些职业？每个职业具体是做什么的？每个职业除专业要求外，还需具备哪些知识和能力？
6	发展前景	该专业的发展前景如何？对社会和生活有什么价值？
7	榜样人物	该专业有哪些成功人士？他们取得了哪些成就？他们又是怎么取得成功的？
8	权威企业	该专业领域有哪些权威企业或机构？
9	专业要求	该专业适合什么样的人学习？有哪些具体要求？
10	学习方法	如何才能学好这个专业？学习的圈子和资源都有哪些？

专业探索的途径分为三类：一是查阅，即通过查阅网络或书籍的方式获取专业信息；二是接触，通过与人交流的方式搜集专业信息；三是体验，即通过实地参观、直接参与等方式体验专业。

第二节　了解选择大学

所谓大学者，非谓有大楼之谓也，有大师之谓也。——梅贻琦
没有人事先了解自己到底有多大力量，直到他试过以后才知道。——歌德

生涯认知

一、我国大学的数量和分布情况

学生在选择大学以及专业时，需要了解我国有多少所大学，我国的大学又是如何分布的。

我们先来了解一下我国大学的数量。根据教育部公布的全国高等学校名单（未包含港澳台地区高等学校）。截至2022年5月31日，全国高等学校共计3013所。其中，普通高等学校2759所，含本科院校1270所、高职（专科）院校1489所，成人高等学校254所。再来看我国大学的分布情况。以下是全国普通高等学校分布情况（不包含港澳台地区普通高等学校）。可以看出，不同省级行政区的普通高等学校数量存在差异。江苏省、广东省、山东省的普通高等学校数量位居前三，高校数量最少的是西藏自治区。

省级行政区	普通高等学校数量(所)	省级行政区	普通高等学校数量(所)
江苏省	167	云南省	82
广东省	154	广西壮族自治区	82
山东省	152	黑龙江省	80
河南省	151	贵州省	75
四川省	132	重庆市	68

（续表）

省级行政区	普通高等学校数量（所）	省级行政区	普通高等学校数量（所）
湖北省	129	吉林省	64
湖南省	128	上海市	63
河北省	125	天津市	56
安徽省	120	新疆维吾尔自治区	56
辽宁省	116	内蒙古自治区	54
浙江省	109	甘肃省	50
江西省	105	海南省	21
陕西省	96	宁夏回族自治区	20
北京市	92	青海省	12
福建省	89	西藏自治区	7
山西省	85		

（数据来源于2022年教育部官网）

二、普通高等学校的办学体制

按不同办法体制划分，普通高等学校的办学类别可分为公立、民办、独立学院、中外合作办学（含港澳台）四类。

类别	特点	数量	举例
公立大学	教育部、中央部委或地方政府举办	1921所	北京大学、中山大学
民办大学	企事业单位、社会团体及其他社会组织或公民个人举办	456所	上海建桥学院、北京吉利学院
独立学院	实施本科以上学历教育的普通高等学校与国家机构以外的社会组织或者个人合作，利用非国家财政性经费举办，实施本科学历教育	257所	苏州大学文正学院、杭州师范大学钱江学院
中外合作办学	境外院校与公办院校合作举办	9所	西交利物浦大学、香港中文大学（深圳）

三、普通高等学校的行业类别

按普通高等学校形成的学科特色和优势，可将现有大学分为综合类、工科类、农业类、林业类、医药类、师范类、语言类、财经类、政法类、体育类、艺术类、民族类等类型。

四、普通高等学校的主管归属

我国高校主要分为中央部属高校和地方省属高校。经过全国高校管理体制的调整，实力较强、学科特色鲜明的高校被划归教育部直属管理，少数关系国家发展全局的高校以及行业特殊性强的高校继续由国务院委托教育部、工信部和其他少数部门管理外，多数高校由地方管理或以地方管理为主。

中华人民共和国中央部门（单位）直属高等学校，简称"中央部属高校"，主要是指中华人民共和国国务院组成部门及其直属机构在全国范围内直属管理一批高等学校，目的是在探索改革上先走一步，在提高教学、科学研究和社会服务方面发挥示范和引导作用。

教育部直属高等学校（76所）	清华大学、北京大学、中国人民大学、北京交通大学、北京科技大学、北京化工大学、北京邮电大学、中国农业大学、北京林业大学、北京中医药大学、北京师范大学、北京外国语大学、北京语言大学、中国传媒大学、中央财经大学、对外经济贸易大学、中央音乐学院、中央美术学院、中央戏剧学院、中国政法大学、华北电力大学、中国矿业大学（北京）、中国石油大学（北京）中国地质大学（北京）、南开大学、天津大学、大连理工大学、东北大学、吉林大学、东北师范大学、东北林业大学、复旦大学、同济大学、上海交通大学、华东理工大学、东华大学、华东师范大学、上海外国语大学、上海财经大学、南京大学、东南大学、中国矿业大学、河海大学、江南大学、南京农业大学、中国药科大学、浙江大学、合肥工业大学、厦门大学、山东大学、中国海洋大学、中国石油大学（华东）、武汉大学、华中科技大学、中国地质大学（武汉）、武汉理工大学、华中农业大学、华中师范大学、中南财经政法大学、湖南大学、中南大学、中山大学、华南理工大学、重庆大学、西南大学、四川大学、西南交通大学、电子科技大学、西南财经大学、西安交通大学、西安电子科技大学、长安大学、西北农林科技大学、陕西师范大学、兰州大学、国际关系学院

（续表）

工业和信息化部直属高等学校（7所）	北京理工大学、北京航空航天大学、南京理工大学、南京航空航天大学、哈尔滨工业大学、哈尔滨工程大学、西北工业大学
国家民族事务委员会直属高等学校（6所）	中央民族大学、中南民族大学、西南民族大学、西北民族大学、北方民族大学、大连民族大学
公安部直属高等学校（5所）；	中国人民公安大学、中国刑事警察学院、中国人民警察大学、铁道警察学院、南京森林警察学院
军委直属高等学校（2所）	国防大学、国防科学技术大学
中国科学院直属高等学校（2所）	中国科学技术大学、中国科学院大学
中央统战部直属高等学校（2所）	华侨大学、暨南大学
交通运输部直属高等学校（5所）	大连海事大学、中国民航大学、中国民用航空飞行学院、广州民航职业技术学院、上海民航职业技术学院
外交部直属高等学校（1所）	外交学院
共青团中央直属高等学校（1所）	中国青年政治学院（已与中国社会科学院大学合并）
司法部直属高等学校（1所）	中央司法警官学院
国家卫生健康委员会直属高等学校（1所）	北京协和医学院
体育总局直属高等学校（1所）	北京体育大学

（续表）

中共中央办公厅直属高等学校（1所）	北京电子科技学院
中华全国总工会直属高等学校（1所）	中国劳动关系学院
中华全国妇女联合会直属高等学校（1所）	中华女子学院
国家矿山安全监察局直属高等学校（1所）	华北科技学院
中国地震局直属高等学校（1所）	防灾科技学院
海关总署直属高等学校（1所）	上海海关学院
应急管理部直属高等学校（3所）	华北科技学院、中国消防救援学院、防灾科技学院

五、我国大学办学工程和项目

项目	具体内容
九校联盟（C9）	九校联盟（C9）是中国首个顶尖大学间的高校联盟，于2009年10月启动。联盟成员是国家首批"985工程"重点建设的9所一流大学，包括北京大学、清华大学、复旦大学、上海交通大学、南京大学、浙江大学、中国科学技术大学、哈尔滨工业大学、西安交通大学。九校联盟形式类似于美国常春藤联盟、英国罗素大学集团、澳大利亚八校集团等，旨在人才培养、科学研究等领域加强合作与交流，优势互补，被国际上称为中国常春藤盟校。联盟成立后展开了多项实质性活动，如互派交换生、召开研讨会、开展暑期夏令营等。

（续表）

项目	具体内容
"985工程"院校	1998年5月4日，时任国家主席江泽民在北京大学百年校庆上的讲话中提出中国要有若干所具有世界先进水平的一流大学。为此，教育部决定开始建设一批世界一流大学和一批国际知名的高水平研究型大学的高等教育建设工程，并以江泽民在北京大学100周年校庆的讲话时间（1998年5月）命名为"985工程"。目前"985工程"院校共有39所。包括清华大学、北京大学、厦门大学、中国科学技术大学、南京大学、复旦大学、天津大学、哈尔滨工业大学、浙江大学、南开大学、西安交通大学、华中科技大学、东南大学、武汉大学、上海交通大学、中国海洋大学、山东大学、湖南大学、中国人民大学、北京理工大学、吉林大学、中国农业大学、国防科技大学、西北农林科技大学、华东师范大学、中央民族大学等。
"211工程"院校	"211工程"，即面向21世纪重点建设100所左右的高等学校和一批重点学科的建设工程，于1995年11月经国务院批准后正式启动。"211工程"是1949以来由国家立项在高等教育领域进行的规模最大、层次最高的重点建设工程，是中国政府实施"科教兴国"战略的重大举措。"211工程"院校目前共116所。
"双一流"建设	2017年9月，教育部、财政部、国家发展改革委正式公布世界一流大学和一流学科建设高校及建设学科名单，首批双一流大学建设高校共计137所，其中世界一流大学建设高校42所，世界一流学科建设高校95所。

六、认识大学的途径

我国有几千所高校，每所学校都有自己的特点。一直以来，教育部都没有将我国的院校进行明确分类，但从学科发展、办学水平、隶属关系等角度来看，高校间还是有所区别的。一般可以通过了解大学层次、大学专业设置、大学师资、大学隶属、大学图书馆、大学实验室、大学研究生培养、大学特色和大学校区分布等内容来认识一所大学。

1. 了解大学层次。我国官方没有对大学层次进行划分，大众对大学层次的认识也是从国家公布的高校名单而来的，如"双一流"高校名单、"985工程"大学、"211工程"大学、"国家首批示范性高职院校"名单等。可通过大学官网来了解大学层次，或参考最新出版的关于高校的著作。

2. 了解大学专业设置。在大学专业设置方面，需要了解该专业的专业特色、师资情况、课程设置、专业发展前景、就业趋势、专业所需的储备知识等。

3. 了解大学师资。师资是一所大学的立校之本，可以通过一所大学的官网来了解学校师生比，教师队伍的学历与职称结构，教师队伍的科研成果与学术交流情况以及拥有的两院院士、长江学者人数等来判断其实力。

4. 了解大学隶属。大学的隶属可以反映其实力和特色，现今大学院校基本分为部属和省属，部属院校又有教育部直属与其他部委直属之分。教育部直属院校多是一流大学、综合类大学，其他部委直属院校多是特色鲜明的专业类大学。

5. 了解大学图书馆。大学的图书馆是学术积累、学术支持和学术氛围的体现，可以从建馆时间、纸制藏书量、数字资源阅读方式等来判断该大学实力。

6. 了解大学实验室。大学实验室是大学（尤其是拥有理工类专业的大学）实力的重要标志。大学实验室分为国家级实验室、省部级实验室和校级实验室等。国家级实验室比省部级实验室档次要高，设施更齐全，实验室的教师水平也更高。

7. 了解大学研究生培养情况。包括是否接收推免研究生、是否拥有研究生院、所拥有的研究生专业的数量、是否具备硕士和博士招生资格等，这些内容都反映了大学的实力和能够提供给学生的发展路径。

8. 了解大学特色。大学有综合性大学和专业性大学之分。以学科命名的院校多为专业性很强的大学，如校名中带有"理工""电子""工业""交通""科学""科技""矿业""石油""农业""海洋""医学"等字眼的大学。

9. 了解大学校区分布。现在国内的一些大学，尤其是经历了2000年以来的大规模合并重组的大学，往往拥有几个校区，各个校区大多互不相连，新校区基本都建在郊区，不同的专业有时候会分布在不同的校区。

七、寻找自己理想大学的策略

对于不少同学来说，锁定一所理想的大学，不是一件容易的事情，有很多因素需要考虑，可以采取以下相关策略进行抉择。

1. 根据喜好选择大学。有些同学从小喜欢一所大学，期盼成为这所大学的一员，这是非常好的向往，因为根据喜好选择自己将来的大学是进入大学后学好专业课程的有利条件。有些同学因为家里有好几代人都毕业于同一所大学，所以会对这所大学产生感情。有了这样的感情，又在自己喜欢的大学求学，大学生活会变得更加充实，自己也会更有收获。但是，一定要结合相应大学的专业情况、个人成绩、时代发展趋势和社会需求等来做决定。比如喜欢的大学可能在自己喜欢的专业领域实力并不强，而自己的高考成绩却远远超过喜欢的大学的往年录取分数线等，这时就不应该感情用事，而应全面考虑再做决定。

2. 根据专业选择大学。大学学习，本质是大学专业的学习。因此，在选择大学的时候，要充分考虑该大学在心仪专业上的实力。并非大学名气越大，它的专业实力就越强。有很多大学，虽然名气不大，但是某些专业的实力在全国是数一数二的。比如南京信息工程大学的大气科学专业被认为在全国排名第一。

3. 根据成绩选择大学。不同层次的大学，有相应的录取分数线，应该根据自己的成绩做出准确的定位，从而选择合适的大学。如果定位不准，可能出现高分低就等情况，影响很大。

4. 根据大学实力进行选择。在成绩允许的情况下，选择大学时应该考虑大学的实力。比如大学的层次，是不是"双一流"大学、省重点大学等；大学的师资情况，如两院院士、长江学者的人数有多少等；实验室情况，有无国家级重点实验室等。"双一流"大学因国家投入大量的资金，所以比非"双一流"大学具备更好的发展前景。又如两所理工类大学都有某一专业，可能一所大学有国家级实验室，另外一所大学没有，那么选择有国家实验室的大学更具优势。

5. 根据机遇选择大学。不同的大学，能够给学生提供的发展机遇不尽相同。在选择大学时，应该考虑大学提供保研、出国交流、交换生、实习等机会的情况。具备保研资格的大学，对于想继续读研深造的同学来说，是比较理想的选择。拓展国际视野是当今大学教育非常重要的一点，有的大学能够提供出国交流的机会，学生就可以在比较安全和经济的情况下实现对国际社会的了解。

6. 根据就业选择大学。同一专业，不同的大学有着不一样的就业率。有些大学因为培养方向符合社会需求，从业配套措施到位等，在就业方面具有很大的优势，有些大学则表现得一般。比如同样是英语专业，有的大学因为按老思路组织教学，培养出来的毕业生在职场上竞争优势不强。有些大学，实行"英语+"的培养模式，学生在学好英语专业的同时，能够学习会计、法律、金融等专业知识并获得双学位，这样的毕业生在就业时会拥有更多的选择。

7. 根据地域选择大学。在地域上，同学们可以考虑的维度有省内、省外，一线城市、二线城市，省会城市、非省会城市，东南沿海城市、内陆城市等。不同地域的大学会有不一样的特点，在不同地域的大学学习和生活的状态也会有比较大的差别。一线城市和东南沿海城市经济发达，处于资讯前沿。省会城市作为一个省的经济和政治中心，具备得天独厚的优势。有些同学喜欢江南的风景,有些同学喜欢东北的冰天雪地,有些同学喜欢海南的热带季风气候,不同地域提供不同的选择。

8. 根据家庭经济条件选择大学。不同大学之间,因为办学性质不同、地域不同,在学费和生活成本方面存在差异。公办大学的学费比独立学院、民办大学要低,而中外合作办学学校的学费相对较高,所以应该结合自己家庭的经济实力来进行选择。比如很多公办大学一年的学费是四五千元,很多民办大学一年的学费是一两万元,而有些中外合作办学的大学一年的学费则高达好几万元。

生涯探索

之一:选择大学的理由

在选择大学时,会有很多因素影响我们的选择。请每位同学把自己看重的因素勾选出来,并将最看重的5项因素排序,然后在小组内进行分享交流。

请在你看重的因素前面打"√"			
□城市资源	□校区环境	□地理气候	□风俗习惯
□综合排名	□办学水平	□学科优势	□社会知名度
□校风校史	□师资力量	□硬件设施	□图书馆资源
□生源构成	□男女比例	□社团活动	□校友资源
□交流机会	□就业机会	□考研机会	□留学氛围
请将你最看重的5项因素进行排序			
理由:			

通过交流分享,我们可以发现每位同学在选择自己心仪大学的时候,考虑的因素各不相同,也发现有些因素是我们大部分同学都比较关心的。请综合考虑,列出你所向往的大学,并分别列出三点理由。

理想的大学	选择的理由
	1.
	2.
	3.
	1.
	2.
	3.
	1.
	2.
	3.
	1.
	2.
	3.

之二：填写《梦想大学清单》

深入地了解一所大学，主要有信息情报分析、访谈和实地考察等方式。

1. 信息情报分析。你可以通过深入的信息查询，了解关于高校实力、师资、环境等各种你想了解的信息。主要信息渠道有以下几种：教育部权威网站（如阳光高考平台）；各高校的招生网站、各院系主页、学校论坛等，高校宣传资料和统计报告；通过拨打各高校招生办公室和各院系的咨询电话进行电话咨询；各级教育行政部门的年鉴；教育机构的调研报告；各类大学排行榜等。

2. 访谈学长或学校老师。访谈该校的在校大学生或毕业生，有条件的可直接访谈该校老师或领导，他们的经历和直观感受能够为我们提供直接的参考依据。

3. 实地考察体验。目标明确地去考察一些重点关注内容，这是了解相关大学的最好最直接的方式。

锁定一所你最心仪的大学，找一两张你最喜欢的该大学的照片，打印出来放在寝室或是你认为最显眼的地方，每天看几遍，不断给自己成功考入该大学的心理暗示。

我的梦想大学清单

序号	大学名称	目标专业	办学层次	城市	办学类别	办学水平	行业类别	专业录取分数线
1								
2								
3								
4								
5								
6								
7								
8								
9								
10								
举例	中国人民大学	经济学类	本科	北京	公办	985、211、双一流	综合	666/..

第三节　理性选择学科

生命的全部意义在于无穷地探索尚未知道的东西。——左拉

生涯认知

2014年9月4日，国务院印发了《国务院关于深化考试招生制度改革的实施意见》等文件，选择上海市、浙江省开展高考综合改革试点。

2014年9月19日，上海、浙江分别同时公布《上海市深化高等学校考试招生综合改革实施方案》《浙江省深化高校考试招生制度综合改革试点方案》。由此，国家新一轮招生考试综合改革拉开了序幕，并于2017年起陆续在全国推开。

一、新高考采取必考科目加选考科目的模式

如"3+3"模式，以上海市为例，"3"指统考科目：语文、数学、外语三门，不分文理，使用全国卷。选择性考试科目指思想政治、历史、地理、物理、化学、生物六门。考生根据高校的招生报考要求和自身特长，自主选择其中三门进行考试，成绩计入高考总分。

报考普通本科院校的考生高考成绩将由语文、数学、外语三门统一高考成绩和考生选考的三门普通高中学业水平考试等级性考试科目成绩构成。

如"3+1+2"模式，以江苏省为例，"3"指统考科目：语文、数学、外语三门，不分文理，使用全国卷。选择性考试科目指思想政治、历史、地理、物理、化学、生物六门。学生根据高校的要求，结合自身特长兴趣，首先在物理、历史两门科目中选择一门，再从思想政治、地理、化学、生物四门科目中选择两门，考试成绩计入考生总分，作为统一高考招生录取的依据。

这给学校和学生带来了全新的挑战，也带来了全新的机遇。如何做好选科成为每一位高中生必须面对的全新问题，而要做好科学选科，则需要学生有长远的职业规划。

高校对学生高中学业水平考试提出选考科目报考要求，是高考综合改革的关键环节，是高中学生选课选考的重要依据，是促进学段间人才培养有机衔接的必然要求。

在新高考政策下，高校根据自身的办学定位和专业培养目标，提出对考生的高中学业水平考试科目报考要求。考生需充分考虑其选择报考的高校及专业的选考要求来确定自己的选考科目。选考科目的选择过程，让学生能站在生涯规划和一生发展的视角上，思考自己未来需要走什么样的职业发展道路。可以说，选科的过程也是学生在梳理自己生涯规划的过程。

二、陕西"3+1+2"模式

"3+1+2"模式："3"为全国统一高考的语文、数学、外语，"1"为首选科目，由考生在物理、历史两门中选择一门，"2"为再选科目，由考生在思想政治、地理、化学、生物四门中选择两门。

首选科目要求包括仅物理、仅历史、物理或历史均可三种。

"仅物理"，表示首选科目为物理的考生才可报考，且相关专业（类）只在物理类别下安排招生计划。

"仅历史"，表示首选科目为历史的考生才可报考，且相关专业（类）只在历史类别下安排招生计划。

"物理或历史均可"，表示首选科目为物理或历史的考生均可报考，且高校要统筹相关专业（类）在物理、历史类别下分别安排招生计划。

再选科目要求包括选择一科、两科或"不提再选科目要求"。

选择一科的，表示考生必须选考该科目方可报考（例如：A高校的生物科学专业，首选科目要求选择"仅物理"、再选科目要求选择"化学"一科，考生必须选考"物理"和"化学"两科再加上其他任意一科就可报考）。

选择两科的，有两种关系：一种为"或"的关系，即"考生选考其中一门即可报考"（例如：B高校的地理信息科学专业，首选科目要求选择"仅物理"、再选科目选择"地理"或"化学"，考生首选科目必须选考"物理"，再选科目在"地理"或"化学"中选择一科再加上其他任意一科即可报考）；另一种为"和"的关系，即"考生均须选考方可报考"（例如：C高校的生物工程专业，首选科目要求选择"仅物理"、再选科目选择"化学"和"生物"，考生首选科目必须选考"物理"，再选科目必须选考"化学"和"生物"两科方可报考）。

选择"不提再选科目要求"的，表示考生符合高校提出的首选科目要求即可报考（例如：D高校的数学专业，首选科目要求"仅物理"，再选科目选择"不提再选科目要求"，考生选考科目中有"物理"加上再选科目中任意选择两科即可报考）。

"3+1+2"模式选考科目与选考要求

首选科目	再选科目	再选科目选考要求
○仅物理 ○仅历史 ○物理或历史均可	○政治 ○地理 ○化学 ○生物	○两门科目，考生均须选考方可报考 ○两门科目，考生选考其中一门即可报考 ○一门科目，考生必须选考该科目方可报考 ○不提科目要求

高校招生专业选考科目要求，既适用于统考招生，也适用于其特殊类型招生（保送生除外）。报考相应招生（自主招生、综合评价、艺术团、运动队等）的考生均须满足专业选考科目要求。

三、选考要求的一般规律

各专业（类）选考科目要求，由普通高校根据教育部颁布的《普通高校本科招生专业选考科目要求指引（试行）》《普通高校本科招生专业选考科目要求指引（3+1+2模式）》等相关文件，结合自身办学定位和专业培养目标以及对学生学习要求自主确定。因培养要求不同，相同专业（类）在不同高校可能会有不同的选考科目要求。所以，如果选科不慎，就有可能导致学生在志愿填报时陷入真正适合的专业志愿无法填报的境地。

一般来说，每所学校都有自身的办学定位，每个专业都有特定的专业培养目标，也就是说每所学校的特定专业是为培养特定的人才（职业）而开设的，而只有招到合适的生源才能顺利达成其人才培养目标，因此，学校提出的选考要求是基于其人才培养的需要而提出的。

对于方向清晰的考生而言，选考即选专业选学校，选考即选择未来的职业方向。因此，考生只要做好个人的职业规划，厘清未来的职业发展方向，进而找到实现个人理想的升学途径（院校和专业），即可有针对性地做好科学选科。

基于这个规律选科，学生的学习将更有针对性，为今后一生的发展打好高中阶段的学科基础，积累好必要的核心素养，而并不仅限于选考的科目。

高中学科与关联专业简易检索表

学科	相应的专业（类）
数学	数学类（数学与应用数学、信息与计算科学）、统计学类（统计学、应用统计学）、经济学（经济学、经济统计学）、财政学类（财政学、税收学）、金融学类（金融学、保险学、金融工程、投资学）、计算机类（软件工程、信息安全、计算机科学与技术、遥感科学与技术、测绘工程）、管理科学与工程类（信息管理与信息系统、工程管理、工程造价）、工商管理类（会计学、审计学、财务管理）。
语文	中国语言文学类（汉语言文学、汉语国际教育、古典文献学、中国少数民族语言文学、汉语言）、新闻传播学类（新闻学、广告学、编辑出版学、广播电视学、传播学）、艺术学理论类（艺术史论）、戏剧与影视学类（戏剧影视文学、广播电视编导）。
外语	外国语言文学类（英语、俄语、西班牙语、德语、日语、阿拉伯语、法语、翻译、商务英语共计62种专业）。
物理	力学类（理论与应用力学、工程力学）、机械类（车辆工程、机械工程）、仪器类（测控技术与仪器）、电气类（电气工程自动化）、电子信息类（电子信息工程、电子科学与技术、通信工程、信息工程、光电信息科学与工程、微电子科学与工程）、自动化类（自动化类）、计算机类（网络工程、物联网工程）、土木类（土木工程）、水利类（水利水电工程）、轻工类（印刷工程）、交通运输类（交通工程）、航空航天类（飞行器制造工程）、兵器类（信息对抗技术）、核工程类（核工程与核技术）、建筑类（建筑学、城乡规划、风景园林）、农业工程类（农业电气化、农业机械化及其自动化）、地质类（地质工程、勘查技术与工程、资源勘查工程）、安全科学与工程类（安全工程）、公共技术类（消防工程）、能源动力类（能源与动力工程）、矿业类（采矿工程）、物理学类（物理学、应用物理学、核物理）、天文学类（天文学）、地球物理类（地球物理类、空间科学与技术）。
化学	化学类（化学、应用化学）、化工与制药类（化学工程与工艺、制药工程）、生物科学类、地质学类（地球化学）、环境科学与工程类（环境科学与工程、环境工程、环境科学）、食品科学与工程类（食品科学与工程、食品质量与安全）、林业工程类（林产化工）、公共卫生与预防医学类（食品卫生与营养学）、药学类（基础医学、药学、药物制剂）、医学技术类（医学检验技术、医学实验技术、卫生检验与检疫）、材料类（材料科学与工程、高分子材料与工程、材料化学、金属材料工程、复合材料与工程）。

（续表）

学科	相应的专业（类）
生物	环境科学类（环境科学、生态学、环境资源科学）、植物生产类（农学、园艺、植物保护、茶学、烟草、植物科学与技术、种子科学和工程、应用生物科学）、草叶科学类（草业科学）、森林资源类（林业、森林资源保护、野生动物与自然保护区管理）、环境生态类（园林、水土保持与荒漠化防治、农业资源与环境）、动物生产类（动物科学、蚕学、蜂学）、动物医学类（动物医学）、水产类（水产养殖学、海洋渔业科学与技术）、生物工程类（生物工程、生物制药）、食品科学与工程类（酿酒工程、乳品工程）、基础医学类（基础医学）、临床医学类（临床医学）、口腔医学类（口腔医学）、公共卫生预防医学类（预防医学、食品卫生与营养学）、中医学类（中医学、针灸推拿学）、中西医结合类（中西医临床医学）、中药学类（中药学、中药资源开发）、法医学类（法医学）、护理学类（护理学）。
思想政治	工商管理类（人力资源管理、文化产业管理、国际商务）、公共管理类（公共事业管理、行政管理、劳动与社会保障、公共关系学、公共政策学、公共管理、文化产业管理、国防教育与管理）、法学类、马克思主义理论类、政治学类、社会学类（社会学、社会工作）、民族学类（民族学）、公安学类、哲学类（哲学、宗教学、伦理学）、教育学类、历史学类（历史学、世界史、外国语言与外国历史）、财政学类、经济学类（经济学、国际经济与贸易、财政学、国民经济管理、贸易经济、投资学）。
地理	水利水电类、地质勘探类、气象类专业、地图测绘类（卫星遥感、GIS专业）、城市规划类、旅游类、资源管理类、地理教育类、地理科学类、旅游管理类（旅游管理）、工商管理类（土地资源管理）。
历史	历史学类（历史学、考古学、世界史、文物与博物馆学、文物保护技术）、哲学类（哲学、宗教类）、社会学类（人类学）、民族学类（民族学）、马克思主义理论类（科学社会主义、中国共产党史）。
技术	技术机械类（工业设计、机械设计制造及自动化）、土建类（建筑学、土木工程、城市规划）、能源动力类（热能与动力工程、能源工程及自动化）、测绘类（测绘工程、遥感科学与技术）、工程力学类（工程力学、工程结构分析）、电气信息类（电子科学与技术、自动化、集成电路设计与集成系统、智能科学与技术）等。

选科因素信息决策表

向度	思考维度	决策方法	判断分析
个人	兴趣爱好	霍兰德职业兴趣测试	
	性格特征	MBTI人格类型测试	
	学科优势	学习成绩反馈	
	智能分析	多元智能测评	
	专业倾向	对大学专业的了解	
	价值取向	价值观探索	
	职业性向	职业世界探索	
	身体条件	体检	
	其他		
资讯	学科特点	学科研判	
	高校选科	了解高校专业（类）选考科目要求	
	升学路径	高校招生方案及简章	
	其他		
环境	教师教学	听课总结	
	家庭状况	分析判断	
	父母期望	征求意见并进行商讨	
	家族资源	家族职业分析	
	同学意见	思考分析	
	国家战略	了解国家大政方针	
	其他		

选科需要考虑多种因素，要在"知己知彼"的基础上整体认识，据此做出适合自己的选择。一般从以下方面进行考虑并做出选择：

（1）学科兴趣。根据自己对学科内容的兴趣程度以及对该学科相关度较高的专业、职业的兴趣程度，选择自己感兴趣、乐于学习的学科。

（2）学科能力。擅长相应学科的学习并能取得好的成绩，据此选择学科能力强的学科。

（3）学科优势。学科的已有学习基础、学科成绩等，据此选择自己选考等级考试中所能取得最佳学习成绩的学科。

（4）专业选科。高校相关专业对选科的要求，据此选择自己专业倾向与高校选科要求相符合的学科。

（5）自主选拔。了解多元升学路径，尤其是自主招生、综合评价招生、"三位一体"招生等报考录取条件，据此选择有利于自己专业笔试、面试的学科。

（6）师资情况。学校各学科的总体水平、特色学科、师资配备等，据此选择学校特色学科、师资实力强的学科。

（7）家长意见。征询或倾听父母的选择意见，据此选择父母对自己选择支持度高的学科。

（8）同伴建议。征询或倾听同伴的选择意见，据此选择同伴对自己选择支持度高的学科。

（9）老师意见。征询或倾听老师的选择意见，据此选择老师对自己选择支持度高的学科。

（10）学习风格。了解自我性格特征，据此选择适合自己学习风格的学科。

（11）生涯目标。自己内心一直以来追求的职业、事业愿景，据此选择与自己职业、事业愿景相匹配的学科。

（12）就业情况。对未来的就业形势分析，包括职业前景、供求关系、薪酬水平等，据此选择自己专业倾向的就业情况较好的对应的学科。

四、选科基本方法列举：

1. "三一"法。即一门科目保专业，一门保兴趣，一门保分数。也就是说，其中一门科目对应自己可能会填报的高校专业的限考科目（有近一半的高校专业没有设置限考科目），一门对应自己的学科兴趣，一门对应自己的学科能力。限考科目与学科兴趣或学科能力重叠，是最理想的情况。

2. 职业（专业）倒推法。如果对自己未来将要从事的职业有比较清晰的打算，或对自己心仪的专业比较了解，那么我们就可以使用此法，从职业或专业的定位倒推选考科目。

3. 分数最大化法。总有一部分同学对自己缺乏了解，对未来尚未做出规划，那怎么办呢？最简单的办法是先把分数拿到手再说。所以，选择能拿到好分数的学科，也是一种办法。什么科目能拿到高分呢？一般来说，你在全年级总排名靠前的学科就是你的优势学科。如果一门优势学科恰恰又是你兴趣浓厚的学科的话，那就更好了。当然，像物理、化学这样的学科，选考的考生中优等生密集，这也是一个不能不考虑的因素。浙江省出台了调整方案，对选考学科的人数设置了底线保障，比如物理学科的选考人数保障数量为6.5万人，如果低于这个选考人数，将以6.5万（而不是实际选考人数）为基数，按规定比例来计算等级分。

生涯探索

之一：探索学科兴趣，试着回答下面的问题。

1. 能否说出五个或五个以上相关学科的专家及其主要的贡献？
2. 对于身边发生的事情，是否经常用相关学科的知识去思考、解释？
3. 是否喜欢上相关学科的课程？是否盼望过这个学科的课程快点到来？
4. 在日常生活中，对与相关学科有关系的事情是否会特别关注？
5. 在书店里，是否看到相关学科的图书就有购买的冲动？
6. 对与相关学科有关系的报道、电视节目等是否特别关注？
7. 做作业时，遇到相关学科的难题，是否有一定要攻破的愿望？
8. 与同学聊天时，聊到相关学科的学习，是否有很多话要说？
9. 整理笔记的时候，是否发现相关学科的笔记记得特别多？
10. 学习相关学科时，是否可以把自己的学习方法总结出来？

之二：制订自己个性化的选科因素分析表

序号	因素（思考维度）	因素分析	决策依据	分析结果（对应学科）
1				
2				
3				
4				
5				

之三：学会使用生涯决策平衡单

1. 了解生涯决策平衡单

当我们面对重要的决定时，需要学会全面综合地考虑各种因素，权衡利弊，从而得出最佳选择。在理性决策中，通常需要考虑较多因素。决策平衡单就是最常用和有效的工具，它经常被用于问题解决和职业咨询中，用于协助个人系统地分析每一个可能的选项，判断分别执行各选项的利弊得失，然后依据其在利弊得失上的加权分排序，得出自己的选择。

选学科是一个重大的决定，一般分为六个步骤：

第一步：写下所有的你需要决策的备选项（学科），如果确定明显不想选的就不用列出了。

第二步：列出影响你选科的所有因素（可参照上文选科需要考虑的多种因素）。

第三步：考虑这些因素对你的选择产生的影响，为每个因素赋予一定的权重。影响越大、你越看重的因素赋予越高的权重。建议用1—10分来作为评分，1分代表这个因素对你一点不重要，10分代表这个因素对你特别重要。比如，该学科"学习成绩好"这个因素对你很重要，就赋予它高的权重，9分或10分；"学校师资资源有竞争力"这个因素对你来说不重要，就给它赋予较低的权重，如1分或2分。

第四步：认真评估各学科在每个因素上的得分。符合程度越高，得分越高。用1—10分进行评分，1分代表这个学科完全不符合这一条因素，10分代表这个学科完全符合这一条因素。比如"学习成绩好"这个因素，你的生物成绩非常好，就打10分；你的化学成绩一般，就打5分；地理成绩不太好，就打3分。

第五步：计算各学科在所有因素上的加权分数。

第六步：计算总分，得出先后排名。

生涯决策平衡单举例

考虑因素	权重（1—10）	生物 符合度	生物 加权分	化学 符合度	化学 加权分	地理 符合度	地理 加权分	政治 符合度	政治 加权分
学习成绩好	9	10	90	5	45	3	27	6	54
学校师资资源有竞争力	2	7	14	5	10	9	18	5	10
加权总分		104		55		45		64	
总分排序		1		3		4		2	

2. 生涯决策平衡单的实践操作

我们以"3+1+2"的新高考模式为例，试试如何在选课的过程中使用生涯决策平衡单。"1"是首选课目，即从物理和历史两门学科中选一门，这关系到个人未来的专业方向。

我的生涯决策平衡单（学科首选）

考虑因素	权重（1—10）	物理 符合度	物理 加权分	历史 符合度	历史 加权分
1.我这门学科的学习成绩好					
2.我对这门学科很感兴趣					
3.未来有兴趣学得更好					
4.与我未来想读的专业关系紧密					
5.可以填报更多的专业					
6.和我的生涯梦想有关					
7.爸妈希望我选这门学科					
8.老师建议我选这门学科					

（续表）

考虑因素	权重 （1—10）	物理		历史	
		符合度	加权分	符合度	加权分
9.学校师资、资源有竞争力					
10.我喜欢这门学科的老师					
11.					
12.					
13.					
14.					
15.					
加权总分					
总分排序					

根据决策平衡单的结果，我的首选学科是：_____

我的生涯决策平衡单（学科再选）

考虑因素	权重 （1—10）	生物		化学		地理		政治	
		符合度	加权分	符合度	加权分	符合度	加权分	符合度	加权分
1.我这门学科的学习成绩好									
2.我对这门学科很感兴趣									
3.未来有兴趣学得更好									
4.与我未来想读的专业关系紧密									
5.可以填报更多的专业									
6.和我的生涯梦想有关									
7.爸妈希望我选这门学科									

（续表）

考虑因素	权重 （1—10）	生物 符合度	生物 加权分	化学 符合度	化学 加权分	地理 符合度	地理 加权分	政治 符合度	政治 加权分
8.老师建议我选这门学科									
9.学校师资、资源有竞争力									
10.我喜欢这门学科的老师									
11.									
12.									
13.									
14.									
15.									
加权总分									
总分排序									

根据决策平衡单的结果：

我在四门学科中选两门的第一选择应该是：＿＿＿＿＿＿＿＿。

我在四门学科中选两门的第二选择应该是：＿＿＿＿＿＿＿＿。

深思考、再确定：

（1）决策平衡单梳理出的选择顺序与你自己内心预测的顺序是一致的吗？如果不一致，存在哪些不同的地方？

＿＿＿＿＿＿＿＿＿＿＿＿＿＿＿＿＿＿＿＿＿＿＿＿＿＿＿＿＿＿＿＿。

（2）再看一下你所列出的关于选科的考虑因素，是否有遗漏的因素？每一项因素的权重是否需调整？如果有，再调整一下，最后看看结果是否有变化？

＿＿＿＿＿＿＿＿＿＿＿＿＿＿＿＿＿＿＿＿＿＿＿＿＿＿＿＿＿＿＿＿。

（3）所以，我最终的选科决定是＿＿＿＿＿＿＿＿＿＿＿＿＿＿＿＿。

（特别说明：生涯决策平衡单本身只是一种工具。在使用过程中，需要注意强调的是过程的重要性，而不能局限于最后的计算结果。你的自主思考、全面考虑、对决策产生的新认识才是最重要的。）

第四节 报好高考志愿

生涯认知

新高考改革带来了高考志愿填报的改变，不同省（区、市）基于实际情况，设置了不尽相同的高考录取模式。填报志愿要适应新的变化、新的模式。

一、填报志愿的原则

1. 职业优先原则

职业优先原则适合那些职业理想非常明确的学生，不适合职业理想不明确的学生。

例如，一个学生的职业理想是致力于某项特殊事业，那么教师可以对其进行以下指导。

第一步，确定与这个职业直接对口的专业。

第二步，确定开设这个专业的学校。在筛选过程中，如果发现学校太多，该怎么取舍？一是用分数取舍，即重点关注学生有可能考取的院校。二是按大学类别分类取舍。

第三步，确定学生喜欢的未来上学或就业的城市。

第四步，确定排列顺序。学生要确定"职业—专业—学校—地域"还是"职业—专业—地域—学校"。最后，按照高考志愿表上的要求填写志愿。

2. 专业优先原则

专业优先原则最适合以下两类考生：专业特长明显的考生和高考分数较低的考生。

3. 学校优先原则

很多考生没有明确的职业理想，专业特长也不明显，那么可以优先考虑学校。

（1）成绩优异者。学习成绩优秀的考生，应首选名牌综合性大学，在此前提下选择自己相对喜欢的专业。目前，许多高校给予学生相对自由的选择专业的机会，学生就读期间，还有很多转专业、辅修双学位的机会。

（2）踩线考生。这部分学生"掉档"的可能性较大。为防止"掉档"，选择一所地理位置较偏、所设专业又不太"热"的学校（如相对偏远地区的农林类院校），学生就很有可能被录取。

（3）准备大学毕业后出国或继续深造的考生。选择各类名校的师资力量较强、社会声誉较高，更有利于学生毕业后出国或继续深造。

4. 地域优先原则

调查显示，学生对自己理想大学所在地的排序惊人相似。优先考虑北京、上海、广州、深圳等国际化大都市；其次是直辖市、发达地区的省会城市以及非省会中心城市；然后是不发达地区的省会城市及沿海地区的非省会城市；最后才是不发达地区的非省会中心城市。如果学生在职业、专业、学校等方面都没有特殊要求，那就可以优先考虑地域。毕竟不同的地域，无论是教学资源、经济实力、文化底蕴还是就业机会，都有很大差异。

5. 把握投档原理及专业录取方式原则

院校平行志愿是按学校最低投档线来投的（不看专业）。你的分数进学校投档线后，是学校按照你填报的专业进行安排的。你如果不满足专业分，学校会给你调剂。如果你不服从调剂，学校就会退档，那你就只能进入征求志愿或进入下一批次了。学校的专业录取一般有"志愿优先""分数优先""专业级差"等几种方式。而专业平行志愿，是新高考招生同一类别、同一批次中若干具有相对平行关系的专业（类）志愿，以一所院校的一个专业（类）为志愿单位，按照"分数优先、遵循志愿"的原则进行投档。不同于以往以院校为志愿单位投档的院校平行志愿，专业平行志愿投档时，直接投档到某院校某专业（类），不存在专业服从调剂，考生也不用担心被调剂到自己不喜欢的专业。

6. 综合考虑多种因素原则

要具体分析自身的具体情况，如分数位次、志向意愿、兴趣特长、身体条件、家庭条件等，综合考虑，做出合适的选择。

7. "冲、稳、保、垫""拉开梯度，冷热搭配，服从调剂，地域兼顾"原则

对于院校平行志愿来说，要合理搭配，形成有效梯度。一般来说，平行志愿填报要注意遵守"冲、稳、保、垫"原则，所选志愿必须定位准确，按"冲、稳、保、垫"四个层次及"拉开梯度，冷热搭配，服从调剂，地域兼

顾"的原则选择学校。而对于专业平行志愿来说，直接投档到某院校某专业（类），就不存在专业服从调剂了，但专业志愿间仍然需要注意合理搭配，从而形成有效梯度。

二、新高考背景下志愿填报应考虑的因素

1. 认识自己。学生填报志愿时，一定要根据自身的高考成绩、分数排名、各批次提档线及自身的兴趣爱好、能力和未来的职业倾向等，理智地选择适合自身发展的院校和专业。学生可以利用一些网站或者专门的升学软件进行自我测评，探索自我，了解适合自己的院校和专业。当然，测评只能作为一个参考依据。

2. 专业内涵。了解专业内涵有以下几种途径：在搜索引擎中输入专业名称，查看有关介绍内容；通过高校的招生简章和学校官网查阅相关信息；通过《普通高等学校本科专业目录》查询相关信息；通过学长了解。

3. 高校公布的招生政策。学生要了解与专业相关的招生政策和规定，如录取批次的划分、优先录取政策、录取程序、投档办法、高考体检指导意见、相关科目成绩要求以及对选考科目的要求等。

4. 专业课程设置。了解该专业开设哪些基础课和专业课，即在大学期间要学习哪些内容，这些内容可以应用到哪些行业，学习这些内容有什么能力要求等。这样，不仅可以基本了解该专业的培养方向，而且能够推断未来自己能否顺利进行专业学习。

5. 就业情况。考生往往会选择就业率较高的大学和专业。教师可以指导学生查阅高校毕业生就业网，下载所要报考院校的年度就业情况报告。另外，还可以参考教育部公布的专业就业状况、社会调查机构的相关数据、高校的专业就业情况、专业行业的统计数据、招聘网站的供求情况等。

6. 家庭因素。家庭资源、家庭的报考意见也是需要考虑的。

三、新高考背景下志愿填报的策略

1. 要充分认识自己的分数排位。平行志愿投档规则有利于保护高分考生的利益，但如果不注意填报策略，高分考生容易出现"高分落榜"和"高分低录"两大失误。要防止"高分落榜"和"高分低录"两大失误，最重要的就是充分认识自己的分数排位。考生既要准确了解不同大学专业的录取位次数据，选择与自己考分位次大致相当的大学专业作为志愿目标；还要结合专业、个人兴趣、学科特长等，将目标志愿按照喜好程度和录取位次从高到低排列。学生可以通过阳光高考网、中国教育在线、高考网等网站查询近三年的录取分数、位次等相关信息。

2. 要综合比较考生线差与录取线差。线差法，就是把考生的高考分数、目标院校专业往年录取分数分别转换成线差，然后将考生线差与目标院校专业录取线差进行对照，确定是否填报的一种方法。考生分数－相应批次录取控制分数线＝考生线差。目标院校专业往年录取分数－往年相应批次录取控制分数线＝目标院校专业录取线差。通过比较考生线差与所要报考高校相应专业近三年的录取线差，考生可以明晰自己是否适合报考该专业。

3. 要设置合理的志愿梯度。填报志愿应遵循"前冲、中稳、后保"的原则。"前冲"选择的是"冲一冲"的院校，主要解决学生能不能被在本人线差下选择的较高层次院校投档的问题；"中稳"选择的是"稳一稳"的院校，主要解决学生能不能被在本人线差下选择的稳妥院校录取的问题；"后保"选择的是"保一保"的院校，主要解决学生能不能被在本人线差下选择的保底院校录取的问题。

具体而言，志愿梯度包括院校梯度和专业梯度。

在同一批院校中，院校的办学历史、知名度、实力、地域等方面的差异，使得同一批院校的录取分数有高有低，自然形成了录取分数的层次差异。这种差异决定了各类院校在投档录取过程中的先后顺序和位置，即院校梯度。整体而言，平行院校之间的分数梯度要控制在5—8分。

处理院校梯度时要注意以下三点：一是录取分数相近的院校不宜作为平行志愿；二是本人分数仅达到冲高院校上一年的录取最低分数时不宜填报；三是保底院校尽可能选择录取分数较低且招生人数较多的院校。

专业梯度是指同一层次院校中的各个专业在录取时形成的分数差异。处理专业梯度，也就是要处理好"热门"专业与"冷门"专业的关系。一方面，我们既要敢于选择那些就业前景好的"热门"专业；另一方面，我们也不能"一热到底"，要适当填报一些"冷门"专业，这样才不至于产生第一"热门"无望而其他志愿都"无用"的结果。也就是说，在填报志愿时，各专业之间要有足够的分数梯度，并按录取分做降阶排列。

四、填报志愿的具体步骤

1. 科学测评，认识自己。考生在填报志愿前，最好能够通过科学的测评认识自身的个性特点、兴趣爱好、价值观念、能力水平。从三个方面进行综合考虑：一是兴趣，即"我喜欢做什么"；二是性格，即"我适合做什么"；三是能力，即"我擅长做什么"。这三个方面可以通过专业人员借助一些专门的测评工具，如职业兴趣测试、职业价值观测试、职业技能测试等进行专门测试分析，这样才能更好地帮助考生看到自己的优势与不足。

2. 选准大学，选准专业。考生选择同一批次学校时，首选各学校的优势专业，但不能光看学校的所属批次，也要看学校毕业生的就业率和薪酬水平。选专业时，可查看哪些学校的专业是国家重点专业、学校的专业历史、与之相关的专业分支等信息，了解该专业的课程研究与培养方向。考生可以通过高校网站浏览相关资讯或咨询相关校友，进行比较，这样就能做到把学校和专业的关系处理好，构建起一个科学、合理、完善的志愿体系。

3. 查看计划，准确定位。准确定位，明确自己的高考成绩在本省的排名位次。根据自己的高考成绩排名位次和招生计划数，对自己成绩所处的分数段有一个比较准确的定位。在此基础上，根据自己确定的专业类别，查阅往年度的招生计划，筛选出往年度在考生所在省份招录有自己喜欢专业的相应批次的学校，然后初步排除那些不想去和去不了的学校，遴选适合自己填报志愿的备选学校和专业若干。

4. 摸清规则，拟出草案。从目前来说，高校招生录取的规则和投档模式有平行志愿、顺序志愿、一档多投，个别省（区、市）还有混合志愿（顺序志愿+平行志愿）。但多数省份和学校批次志愿填报采用的是平行志愿投档。因此，学习和掌握平行志愿填报规则，按照平行志愿填报规则和分数位次，在自己的备选学校（专业）中，按高低顺序排列"冲、稳、保、垫"等分数层次的学校（专业），形成按录取分数高低排序的学校（专业）备选顺序。在此基础上，制订2—3套初步方案，也可以按"冲、稳、保、垫"各选出8—10所更多合适大学的预案。然后认真查看这些学校的招生章程，进一步掌握学校特点和录取规则，依据规则填报，这样才能避免风险。要全方位了解平行志愿投档、录取规则和报考原则，可以进一步学习各省招生部门制定的《高等学校招生录取实施办法》等相关资料。

5. 认真分析，优化方案。现在全国多数省份均是在高考之后，先公布划定的本省最低控制线，包括本省的一本、二本和高职（专科）等批次的分数线，考生等成绩出来之后，在知道分数、位次、批次控制线后，再根据个人的成绩填报高考志愿。所以，当各省招生部门在公布考生高考分数、位次和批次分数控制线后，考生在事先准备的初步方案的基础上进一步调整、优化所选大学和专业，平衡学校志愿梯度和专业志愿梯度，形成自己的报考方案，这样就能从容完成网上填报了。

按照以上五个步骤，基本上可以完成一个相对合理的志愿填报。高考志愿填报，必须高度重视，认真对待，不仅要赢在分数上，更要赢在志愿填报上。

生涯探索

情景模拟填报

高考志愿规划表

姓名：_____ 报考科类：_____

选考科目：_____ 高考（预测）分数：_____

志愿批次	序号	院校名称	专业（类）/专业组	选考要求	预测录取线
本科提前批	1				
	2				
特殊批次	1				
本科批次	1				
	2				
	3				
	4				
	5				
	6				
	…				
专科提前批	1				
	2				
专科普通批	1				
	2				
	…				

普通高校招生考生志愿填报拟选表

类　别：_____　　姓　名：_____

高考成绩：_____　　全省位次：_____

相当于前年的成绩_____　　相当于去年的成绩_____

批次	序号	拟选院校	拟选专业（按照顺序填写6个专业）
本科常规志愿	1		
	2		
	3		
	4		
	5		
	6		
	7		
	8		
	9		
	10		
	11		
	12		
	13		
	14		
	15		
	16		
填后思考			

第八章 我的生涯规划

第一节　生涯决策和生涯适应力

我们的决定，决定了我们。——存在主义大师萨特

生涯认知

一、什么是生涯决策

生涯决策是个人根据各种条件并经过一系列活动以后，进行的生涯目标决定以及为实现目标而制订优选的个人行动方案。生涯决策是一个复杂的认知过程，通过此过程，决策者组织有关自我和职业环境的信息，仔细考虑各种可供选择的职业前景，做出职业行为的公开承诺。

生涯决策风格是指个体在长期的决策过程中形成的比较稳定的决策倾向。不同的人在决策同一件事情、实现同一目标的过程中所表现出来的行为偏好和心理倾向是不同的，即每个人都有自己的决策风格。

决策风格及思维特点表

风格类型	思维特点	典型表现
挣扎型	在众多选择中不知道该怎么办，面临着想实现远大理想，又不敢面对现实的无奈。	"我就是拿不定主意"。
拖延型	习惯于将对任务或问题的思考和行动一再往后推迟。	"我还没有准备好工作"。
瘫痪型	不愿做出选择，每天都在一种无意识的状态中度过，对外部世界的变化不敏感，不愿为自己的职业发展多动脑子。	"我知道我应该开始了，但想到这件事我就害怕"。

（续表）

风格类型	思维特点	典型表现
直觉型	从内心深处感觉是这样的，就这样决定了，相信直觉。	"我觉得这样好，就这么定了吧"。
冲动型	不经过策划和准备，很少对未来进行思考和分析，按自己的第一个想法进行。	"先决定，以后再考虑"。
宿命型	一切都由命运掌握，跟随社会发展即可，顺其自然吧。	"我这个人永远也不会走运"。
顺从型	依附于组织或其他人，别人说怎么办就怎么办。	"他们都觉得好，我就觉得好"。
理智型	认真分析自己和外部社会，果断、自信地决定自己的职业方向，有计划、有策略地发展自己的职业生涯，合理、动态地管理自己的职业发展。	"我分析过了，也列好了计划，如果有变化再根据实际情况调整"。

人的一生就是由无数选择的决策组成的。生涯岔路口的每一个决定都能影响人生轨迹，决定人生的前进方向。生涯决策就是通过各种分析比较，最后做出决定的过程。

二、影响生涯决策的因素

影响生涯决策的因素很多，一般可分为个人因素、环境因素和资讯因素。因为多种因素相互影响，错综复杂，所以生涯决策不是一蹴而就、一劳永逸的工作，而是一个反复探索、多方思考、不断完善的过程。

三、如何进行生涯决策

面对生活中比较重要的选择，我们应该如何厘清自己的思路、找到合适的决策呢？下面介绍一种理性决策模型，它描述了决策过程的步骤。根据这些步骤，我们就能理性地进行决策了。

第一步：沟通——发现并认清问题

通过对自身情况和社会需求信息的了解，识别问题的存在，意识到自己需要做决定。当我们意识到需要做决定的时候，就说明我们已经处在与问题进行沟通的过程中了。在这一过程中，我们觉察到自身的压力或者来自外部环境的影响。

第二步：分析——考虑各种可能

澄清自身与社会需求之间的契合度，对不同选择进行分析。对需要做出决策的问题进行探索就进入分析环节了。比如，决定选择什么职业时，我们要分析自己的特点和职业的特点，并把两者联系起来。可以通过询问相关问题来澄清自己对于自我和职业方面的知识，并有针对性地提升相应的认识。

第三步：综合——形成可能选项

综合就是对已有的信息进行整合，具体分为两步，首先通过脑力激荡等方法扩大选项，找到最多的可能选择；接下来缩小选择，选出最适合自己的3—5种可能选项。

第四步：评估——对选项排序

评估就是在综合的基础上，评定每个可能选择对自己的重要性，做出最后的决定。这一步可以借助决策平衡单，具体参照选科决策的内容。

第五步：执行——落实行动计划

确定目标，明确理想和现实之间的差距，形成并落实行动计划。

四、什么是生涯适应力

生涯适应力是指个体对于可预测的生涯任务、所参与的生涯角色、面对生涯变化或可预测的生涯问题时的准备程度与应对能力。环境的"变"与个人的"应变"是个人生涯发展过程中应有的警觉与认识。当一个人认为自己所要追求的角色无法获得时，主动进行自我调节，以解决自我概念与环境中现有的机会之间的冲突，使二者重获和谐的关系，这一过程是个体对变化的适应。这是一个积极能动的过程，是在"适应—不适应—适应""平衡—不平衡—平衡"的循环中不断进行内外的调整，以实现与环境动态的协调，进而追求成长与发展的过程。

生涯研究学者萨维科斯和波菲利认为生涯适应力可以包括四个维度，简称为"4C"即生涯关注、生涯自主、生涯好奇和生涯自信。其中，生涯关注是指个体对未来的关心，它有助于个体放眼未来，为可能面临的生涯任务做准备，本质上是一种未来取向的人格特质；生涯自主是指个体为了应对未来的主要任务能做到自律并付诸努力，坚持不懈地塑造自己或周围环境，能对自己的生涯发展负责，体现出主动性人格的特质；生涯好奇是指个体积极地探索周围的环境及自己的生涯角色，对自我和未来愿景形成认识；生涯自信是个体不断增强自己的生涯抱负，在探索中建立实现人生规划的信心。

生涯适应力体系

维度	生涯疑问	态度与信念	能力	适应性行为
关注	我有未来吗？	有计划的	做计划	觉察、投入、准备
自主	谁拥有我的未来？	坚定的	做决策	坚定、有条理、执着
好奇	未来我想要做什么？	好奇的	主动探索	尝试、冒险、询问
自信	我能做到吗？	有效的	解决问题	坚持、努力、勤奋

生涯探索

每个人在设计自己的生涯规划时，都有不同的优势。请在下面的量表中评定自己在每项能力上的发展程度有多强，在题后给出的5个选项中进行选择并打"√"。

我的生涯适应力测评表

题目	不强	有点强	中等	比较强	非常强
1.我会思考自己的未来是什么样的。	1	2	3	4	5
2.我为未来做准备。	1	2	3	4	5
3.我察觉到我必须要做出学业和职业选择。	1	2	3	4	5
4.我靠自己做决定。	1	2	3	4	5
5.我为自己的行为负责。	1	2	3	4	5
6.我依靠我自己。	1	2	3	4	5
7.我寻找机会得到成长。	1	2	3	4	5
8.我会在做出选择前调查各种可能的选择。	1	2	3	4	5
9.我会观察别人做事的不同方式。	1	2	3	4	5
10.我会负责地把事情做好。	1	2	3	4	5
11.我会学习新的技能。	1	2	3	4	5
12.我会逐步发展自己的能力。	1	2	3	4	5

规划让生命更精彩

量表计分：请在每题序号后写下得分，得分越高，说明生涯适应力越强。

生涯关注	1:	2:	3:	总分：	平均分：
生涯自主	4:	5:	6:	总分：	平均分：
生涯好奇	7:	8:	9:	总分：	平均分：
生涯自信	10:	11:	12:	总分：	平均分：

第二节　制订生涯规划书

人生最重要的是有伟大的目标，与达到伟大目标的决心。只要不失目标地继续努力，终将有成。——歌德

生涯认知

一、生涯规划书

生涯规划书一般需要包含自我分析、职业认知、大学专业、高考选科、规划实施等方面的内容。生涯规划书的形式多样，可以是表格、生涯导航图、故事或其他形式。学生撰写生涯规划书，可以让自己的人生方向更明朗、动力更足、措施更到位、调整更及时、反思更有效，最终实现梦想。

二、生涯规划书的制订原则

1. 清晰性原则。目标措施要清晰明确，实现目标的步骤要直截了当。

2. 调整型原则。目标或措施有弹性或缓冲性，能依据条件因素的变化而调整。

3. 一致性原则。主要目标与分目标要一致，目标与措施要一致，个人目标与组织发展目标要一致。

4. 挑战性原则。目标与措施要具有一定的挑战性。

5. 激励性原则。目标要符合自己的性格、兴趣和特长，对自己产生内在的激励。

6. 全程性原则。制订生涯规划时，必须考虑生涯发展的整个历程，做全程考虑。

7. 具体性原则。生涯规划各阶段的路线划分与安排必须具体，切实可行。

8. 实际性原则。实现生涯目标的途径很多，在做规划时必须考虑到自己的特质、社会环境、组织环境以及其他相关的因素，选择实际可行的途径。

制订生涯规划书的具体步骤

步骤	项目	具体信息
自我认知	我的兴趣	了解职业兴趣与当下学习科目的关系，探究自己的职业兴趣，动态地看待自己的兴趣，发展自己的兴趣。
	我的性格	了解自己的性格，更好地发挥自己的性格优势。
	我的能力	了解自己的智能类型，建立自我效能感，发展自己的能力。
探索外界	升学途径	了解不同的升学途径，知晓如何为自己的选择提前做好准备（综合素质评价、自主招生等）。
	认识大学	知晓判断大学质量的资讯通道及方法，明确自己的理想大学，了解大学的各项要求。
	探索专业	知晓如何判断专业的内涵，依据所学专业知识判断自己想要学习的专业，体验不同的专业。
生涯决策	升学路径	确定自己的升学路径。
	选科	运用决策的方法选择适合自己的学科。
	高考志愿	确定理想大学和理想专业。
确定发展目标	长期目标	确定未来自己要成为一个怎样的人。
	中期目标	为成为理想中的人，自己所应该从事的相应职业。
	短期目标	为实现中期目标，自己准备走怎样的发展路径，包括大学和专业。
确定行动计划，绘制生涯蓝图	行动计划	在确定发展目标之后，关键的还在于对计划的落实，用制订的计划绘制自己的生涯蓝图。
计划管理	落实与定期检查	脚踏实地地逐步践行自己的生涯路径，按照计划逐步向目标靠近，同时定期检核自己的计划是否需要更改或调整，目标是否有所偏离。

生涯探索

仰望星空，脚踏大地，制订自己的生涯规划书

一、封面

个性化设计，包含标题、姓名、年级、班级、时间等信息。

二、引言

用一段话表达自己对生涯规划的认识以及做好生涯规划的意义和价值。

三、目录

将主要内容所在的具体页码标示出来。

四、正文

1. 自我分析

项目	内容	
个人特质	总体描述：	
	优势：	劣势：
兴趣		
能力		
价值观		
学业情况	优势：	劣势：
外部环境	1.家庭环境分析（经济状况、家人期望、家庭文化等）： 2.学校环境分析（学校特色、生涯体验等）： 3.社会环境分析（社会发展、社会需求、就业形势等）：	

2. 职业认知

职业名称	
职业素养	
工作状态	
福利待遇	
职业风险	
职业历程	
职业幸福感	
职业偶像	人物： 事迹： 启发：

3. 大学专业

专业名称1		专业名称2		专业名称3	
选考科目要求		选考科目要求		选考科目要求	

对应职业		对应职业		对应职业	
社会需求、就业前景		社会需求、就业前景		社会需求、就业前景	

4. 高考选科

	科目	选科理由	优势	挑战
选考科目1				
选考科目2				
选考科目3				

5. 规划实施

时间	目标	行动计划	评价、调整
高一上			
高一下			
高二上			
高二下			
高三上			
高三下			

五、咨询与调整（咨询父母、老师和其他职业人士，请他们给予建议）

咨询对象姓名、身份等		咨询对象职业背景等介绍		备注
咨询情况简介		咨询意见采录		
个人报告需要调整的部分或具体内容				

咨询对象签名：

六、结语

用一段话表达自己内心的真情实感，作为对自己生涯规划过程的鼓励和对未来自身积极行为的强化。